JN439778

2018 · 부산 **詩文學** 사화집 25

웃음에는 무게가 없어

2018 · 부산 **詩文學** 사화집 25

웃음에는 무게가 없어

강남주
강정화
이몽희
탁영완
조영희
조민자
백영희
한경동
송인필
배기환
장동범
김지숙
이혜화
최지인
고훈실
이효애
김예진
김검수
정성환
윤유점

도서출판 푸름사

부산 **詩文學** 사화집 25

웃음에는 무게가 없어

Contents

Contents

김 예 진 ___

김 검 수 ___

정 성 환 ___

윤 유 점 ___

〈등단순〉

Contents

강남주

1974~5년 월간 《시문학》 추천

『낯선 풍경 속으로』 등 9권의 시집, 『중심과 주변의 시론』 등 평론집 4권

장편소설 「유마도」

E-mail : kangnc@pknu.ac.kr

만상의 고요

—이 우환에게

강남주

바람을 그렸다
한참 그것을 바라보았다
바람을 보려고
이번에는 그림을 기웃거렸다
빈 공간에 얹어 놓은 바위가
한 폭의 그림이 되어
나에게 말을 걸었다

20x10

morning glory

만상의 조응照應

– 이우환에게

바람을 그렸다
한참 그것을 바라보았다
바람을 보려고
이번에는 그림을 기웃거렸다
빈 공간에 얹어놓은 바위가
한 폭의 그림이 되어
나에게 말을 걸었다

다시 8번 출구

들락날락
목줄 풀린 개가 침을 흘리며
그 구멍으로 계속 오르내린다
깨갱깽갱 죽는 소리에
아무도 관심을 갖지 않는다
그러면서 다들 그 구멍
8번 출구를 들락거린다
살겠다고 살겠다고
숨가쁘게 죽살이 연습을 하면서
매듭 없는 끈 한쪽을 잡고
돌고 돈다

회귀

우루무치에는 다시 가지 않겠다
3천 하고도 8백 년을 땅속에서
체모까지 완연했던 누란의 미녀
그런 미녀가 나는 싫다
온갖 비밀을 온전히 지킨다고
마직포 속에서 남 몰래 발버둥친
그녀의 눈감은 시끄러운 비밀이
너무 완벽해서 나는 싫다
바람 불어 머릿칼 날리고
시간의 모래에 묻혀 풍화 되어야지
손톱에 복숭아 꽃물 들인 채
맨몸으로 아득한 시간 건너오다니
그렇게 요염한 죽음이 싫다
차라리 보이지 않는 먼지가 되어
바람 타고 무한공간으로 사라진다면
벽화로 붙어 숨쉬고 있는 것보다
아, 얼마나 더 영원했을까
구차하게 너무 완벽하고
아름다운 재생이 선명하게 머무는 곳
우루무치에 나는 다시 가지 않겠다

사랑의 사막

하얗게 갇혀 있는 뱀의 발자국
공복의 참새 떼가 그 위에서
역광 속으로 날개짓을 한다
장미 뿌리 시체가 시위를 해도
불모의 장군당 마른 꽃밭에서
전갈이 쓸데없는 짓 하지 말라고
꼬리를 하늘로 추겨들어 흔든다
유일한 먹거리 모래 바람을 견디며
음란행위 같은 재판이
비극의 무한자유로 일사불란이다

여름이 식는다

강남주

내 젊음이 뒤섞여 신났던
돌고래 쇼는 그렇게 끝났나?
수거한 콜라 병은
재생공장으로 가고
바나나 보트에 실린
왁자지껄 아이들 웃음소리
다시
절절 끓는 여름을 약속한다
번지점프를 끝내고
드디어 몸을 헹구는
까만 조약돌은 별이 되어 빛난다
쉬고 싶은지
모두를 끌어안고 출렁이던 바다가
옛날보다 빨리 식어가고 있다
먼 바다로 헤엄쳐간 돌고래는
다시
더워지지 않는 바다로 오겠다고
약속 같은 것은 한 일이 없다

강 정 화

1984~5년 월간 《시문학》 등단
시집 『우물에 관한 명상』 외 14권
E-mail : kjh4710@hanmail.net

"수종사 종소리"

강 정화

신비스런 종소리에 이끌려 찾아가니
산문(山門) 밖에는 황금 부처상 닮은
은행나무 두그루
수백년 선 채로 합장 한 채
눈웃음 가득하다.

제한속도

걸음마 시절 천천히 한 걸음씩 떼라고
느려도 서두르지 말라고
넘어질세라 두 손 벌리고 기다리던 어머니
운동회 신호탄 울리는 출발점에서
무턱대고 달리기만 하면
결승점에서 박수를 받는 줄 알았네
도대체 친숙해지지 않는 느림의 철학
그 낯선 풍경에 던져진
유년의 제한속도를 잊어버린 허수아비여
느림의 주문 잊어버린 채
한평생 서두르며 달리다가
햇살 빗겨간 어둠에 당도하고서야
제동장치 버려진 시간의 그림자를 보았네
이 서늘한 한기는 뒤처지는 것을 무서워한
삐뚤어진 생각의 작은 버릇 때문이라고
내 안의 느림 속도 들여다보지 못하고
칭얼거리며 재촉하던 시간에 끌려
느림의 백신호 유효기간을 놓쳐버린 탓이라고

신발을 닦으며

발이 아프단다
오랫동안 아픈 줄 몰랐다
배 아프면 서둘러 병원 길 데려가고
이빨 아프면 함께 따라가며
아프다고 말하지 않은 깊은 속내
한평생 육중한 몸을 이고
궂은 곳 마다 않고
구석구석 찾아다닌 고단한 날들
덧난 상처의 혈흔
신발 안에 그대로 고여 있네
고마운 은인 신발님

우포늪 이야기

강이 흘러 큰 바다 이루면
저마다 푸른 정맥 힘자랑 하는 게 싫어
하늘이 점지한 태고의 자리 마련하여
생명의 지킴이로
홍수의 오만에도 함몰되지 않고
달 가고 해 바뀌어 별이 떨어져도
산천을 헐고 뭉개지 않는 미욱함으로
수수만년 한자리에 화산도 해일도 견딘 둥지 틀어
사라지는 미물들 이름 불러 모아 지키며
억년 세월 버티어 온 무장된 혼魂
자랑스런 이 강산 심장 되어
신비한 자태로 세계 생태 보존지로
위대한 자연의 어머니로 남아
작은 꼬물거림도 한 생명으로 귀히 존중하는
환경을 지키는 파수꾼 우포늪이여
고맙고 고와라 이 어여쁨 지키리

자갈치

오이소, 보이소, 사이소 외치는
어판장에는 바다에서 징발되어 온
어족魚簇들로 늘 왁자지껄하다
질펀한 삶의 고단함에 지치지도 않은 채
소금기와 해풍에 시달려온 사연들
지마다 낯선 언어로 주고받는다
번쩍번쩍 날 세운 몸짓으로
살아온 날의 상처를 덮으려 파닥거린다
시퍼렇게 날 세우며 파도를 헤치고 온
장하고 용맹스런 졸병 모습으로
생존의 준엄한 대열에서 이탈할 수도 없어
소금 꽃 핀 아린 삶을 펼쳐 놓는다
예리한 바람의 칼날에 잘려나가는 비린내
살아남은 내장에 짜디짠 소금기 배어
산사람들을 위해 생목숨 패대기치는 곳

수종사 종소리

산자락 깎아 세운 벼랑 끝
운주산 정상에서
은은한 종소리 꽃잎처럼 날아내리네

신비로운 종소리에 이끌려 찾아가니
산문 밖에는 황금 부처상 같은 은행나무 두 그루
수백 년 선 채로 미륵 빛 눈웃음 가득하다
굴속에서 득도한 양수리 물이라는 전설 따라
해탈하신 모습에 고개 조아리며
말없는 물이나 나무도 원력 세워 기도 올리며
저리 넉넉한 경지에 닿았구나 싶어
하산하다 말고 수종사 공양주 보살되어
청아하게 맑은 종소리 닮을 때까지
경 읽기하며 살고 싶은 마음 가득하네

* 수종사 : 경기도 남양주 운길산의 천년고찰

이몽희

1986년 월간 《시문학》 등단
시집 『둘이서 발 맞추기』 외
E-mail : mong310@hanmail.net

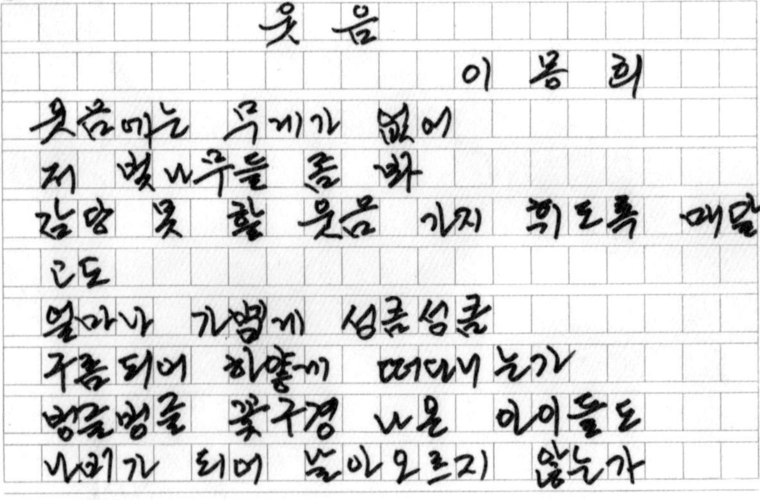
웃음

이봉희

웃음에는 무게가 없어
저 벚나무들 좀 봐
감당 못 할 웃음 가지 휘도록 매달
고도
얼마나 가볍게 성큼성큼
구름 되어 하얗게 떠다니는가
벙글벙글 꽃구경 나온 아이들도
나비가 되어 날아오르지 않는가

동화 쓰기

첫 장 곱게 펴서
새싹의 연초록과
거기 물린 웃음 한줌에 대하여 쓴다

쉰 장 째를 넘기면서
마춤하게 잘 자란 산목련나무
그 수려한 자태의 흔들림과
꽃들이 뿜어 내는 향기로운 경전經典
몇 단락을 받아 적는다

백 장 쯤에 온 지금
사계四季와 별과 바람 푸른 물 거느리고
방금 새 지평을 넘어온
큰 숲 하나의 신비를 헤치며 귀 기울인다

평생을 써도 다 쓰지 못할
그대라는 제목의 아름다운 동화

봉숭아꽃

아가야 울지 마라
봉숭아꽃 진다고 울지 말아라
은하수 대숲 지나 작은 초가집
거기서 이 꽃 따서 꽃물 들이고
발그레 웃는 아이 보이지 않니

봉숭아 발간 꽃잎 흩어져 가는
가을 하늘은 높고도 높아
철새 한 마리 백옥빛 날개
올해도 변함없이 남으로 오는
귀에 익은 옛 가락 구성지구나

아가야 울지 마라
봉숭아꽃 진다고 울지 말아라

말

말은 빈 바람 같아서
침묵보다 값없다지만
그런 말이라도 있어
세상은 시퍼렇게 살아있느니
잡초들 사돈의 팔촌까지 손에 손잡고
아득히 벌 끝까지 번져 나가면
죽었던 광야가 초원으로 살아나듯이

그런 저런 무명초無名草들아
우리 할말을 하자
말머리가 말꼬리를 이어
돌무지 같은 이 벌을 덮어 나가자

잡초보다 못한 대접을 받을지라도
짐승처럼 네 발 다 묶이고
때로 어이없이 멱을 따일지라도
할말을 하며 살자고
맨발로 뜨거운 별 수천 개나 건너
우리 이 땅에 오지 않았던가

웃음

웃음에는 무게가 없어
저 벚나무들 좀 봐
감당 못 할 웃음 가지 휘도록 매달고도
얼마나 가볍게 성큼성큼
구름되어 하얗게 떠다니는가
벙글벙글 꽃구경 나온 아이들도
나비가 되어 날아오르지 않는가

사월의 뿌리들도 꽃 피지 않고는 못 배겨
저기 흙 둥둥 부풀어 오르는 것 좀 봐
그 위에 서면 무거운 돌들도
가벼웁게 꽃 피어 붕붕 뜨겠네

함께 웃으면 나도
한 그루 나무
오늘은 푸른 하늘 뿌리에서 정수리까지
꽃 피어 날아오르겠네

탁란

풀꾹새가 웁니다
주변 어느 숲 때까치의 둥지에
알을 맡긴 게지요 차마 떠나지 못하고 우는
어미의 목소리가 쩍 금이 갑니다

누님의 하얀 유골함을 대지에 탁란하시고
어머님 천국 어디에서 우시는지
내 딸아 내 딸아 먼 메아리가 울려 옵니다
매양 작은 실개울인 듯 젖어 있던 누님의 노래 소리
어머님의 손을 놓고 돌아설 때엔…[*]
무슨 경經처럼 마음을 다 쏟아 목놓으시면
우리의 손장단도 진양조로 쓸쓸해져 갔지요

가신 뒤 삼십 년을 놓지 못하시던 어머님의 손
어디에서 놓아 드리고 거기에 몸 뉘시는지요
풀꾹새가 또 아가야 에미다 피 맺힌 듯 부르네요
사랑과 이별이 만년을 쌓여 산은 저리 높고
그래서 밤마다 산은 소리 죽여 우는 것임을 깨닫습니다

누님의 손을 놓고 허청거리며 내려오는 발자국마다
풀꾹새 울음 소리 질펀하게 고입니다

* 가요 〈비 내리는 고모령〉에서. (작사 : 호동아)

탁 영 완

1986년 월간 《시문학》 추천완료 등단
시선집 『녹색광선』 외 10권 출간
E-mail : tak2158@hanmail.net

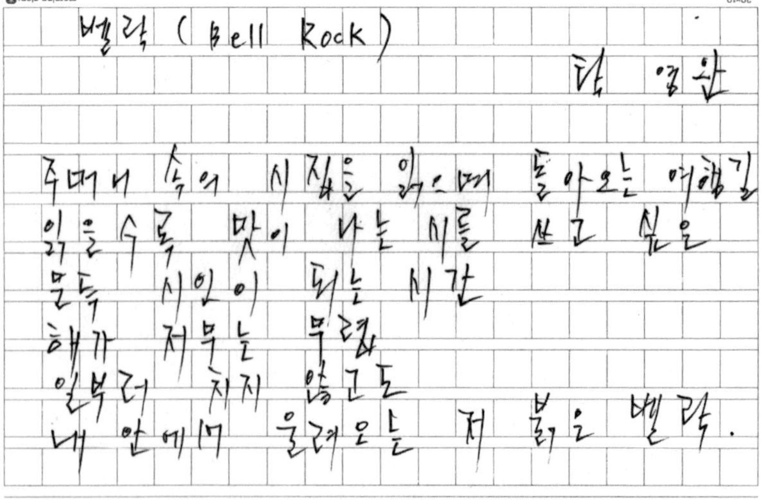

벨락 (Bell Rock)

한 영 찬

주머니 속의 시집을 읽으며 돌아오는 여행길
읽을수록 맛이 나는 시를 쓰고 싶은
문득 시인이 되는 시간
해가 저무는 무렵
일부러 치지 않고도
내 안에서 울려오는 저 붉은 벨락.

슬라이드 락Slide Rock

입 다문 생 굳어 버틴 바위도
여기 와서 흐르는 풍경으로 누웠다
잘리어서 아름다운 체념 반듯하게
차근차근 몇 생을 정돈하듯 누웠다

꿈쩍도 않는다는 정설의 바위도
제 몸 무처럼 가지런히 잘리어
비로소 평평하게
시간의 물 스미어 흐르게 하는
평정이 이토록 녹녹하게 스미어
색色과 색色이 스민 눈소문의 시간도
아름다이 공空을 지어 켜켜이 펼친다

단단한 고집 펼 줄 아는 바위란 이름의 설법說法

마그마의 기억 · 1

언제 뜨거운 한 때를 온몸으로 체험해 여기 와 있는가
끓어서 녹아서 넘쳐 네 도시를 덮쳐 흘렀다
이제 무심 건너 냉담한 화석의 얼굴을 가졌다
너를 품어 펜을 쥐고 잠든 것처럼 깨어나
차갑게 눈떠 너를 새겨 놓으리라
뜨겁더냐 고통이더냐 눈물겹더냐
섞여서 굳기 전 형상을 떠
네가 이제 내 속 토중석이 되어 있다

마그마의 기억 · 2

깊숙이 내안에서 끓었던 기억의 끄나풀
시공이 금이 간 채 펑 뚫린 채
흘러간 그대로 뭉쳐 암석이란 이름을 가졌다
그렇게라도 만나게 한 전율의 순간을 남겼다
기억을 놓으면 그냥 화석이고 절리의 바위고 잿빛 산이다
풀도 나무도 다시 낳지 못하는 불감
나는 깡그리 지옥의 바다를 건넜다
다시 오욕칠정이 몸서리치는 물불로는 섞이지 않으리라

분재 이야기

피가 잘 돌지 않는 대퇴부 볼록한 밑둥치가 찔레처럼 아삭한 순을 뻗어 올려 작고 푸른 이파리를 여섯 개 꽃잎처럼 둘러 피운다
애기 핏줄처럼 가는 곁가지가 열 개 혹은 열한 개 측은하도록 초록을 매달고 밑둥치가 밀어 올리는 겨운 사연을 눈물로 받아먹고 살아있다
많은 이파리를 지우고 스스로 견뎌낸 고통이 괴사로 굳어가는 겉껍질 안에서 단전처럼 동그마니 살아 있다니 견디고 버틴 3년 5년 7년을 부러진 고관절에 다져 저리고 시린 뼈를 세워 저리 애잔한 기 근육을 만들었더냐
꼼짝없던 내 삶의 골절에 대못을 세 개 깊숙이 박아 이리 멀쩡히 다시 일으켰더냐
그 시인 병문안 때 안고 온 산삼을 닮은 작은 분재는 부러진 내 왼쪽 허벅지인 듯 끈질긴 운기運氣로 살아 이제껏 푸른 이파리를 밀어내고 있다
잊힐 만 하면 시린 내 고관절의 생은 분재로 형상화 되어 창가 햇살을 움키고 앉아 제 속 가녀린 기운을 안아 키운다
분재 속에는 목발절룩이던장애기어오른계단저린다리기막힌냉기가 굳어서 숨겨져 있다
아예 화분 아래 수반을 받쳐 생명의 기적을 아름다이 피우는 분재의 속 깊은 사연에 성수를 바친다

벨락Bell Rock

주머니 속의 시집을 읽으며 돌아오는 여행길
읽을수록 맛이 나는 시를 쓰고 싶은
문득 시인이 되는 시간
해가 저무는 무렵
일부러 치지 않고도
내 안에서 울려오는 저 붉은 벨락

조 영 희

1993년 월간《시문학》등단
시집『순회하는 강』외 9권
E-mail : cho1122a@hanmail.net

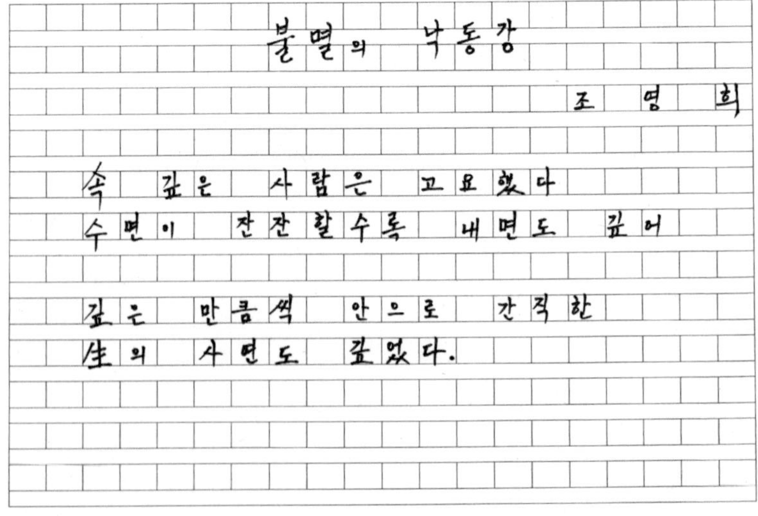
불멸의 낙동강
조영희
속 깊은 사람은 고요했다
수면이 잔잔할수록 내면도 깊어
깊은 만큼씩 안으로 간직한
生의 사연도 깊었다.

오진

첫 새벽
저승사자
진료소에 와
응급 벨 누를 때

얼마나
또 희망의
한쪽 양말만
겨우 신은 맨발

내 탓은
아닌, 이런
때가 있는 것
그 치매, 누구도

오진한,
정을 떠나
살지 못했을
낙도, 주민들과

30년
동고동락
오해의 세월
어디다 숨길까

지역사회 호스피스

죽음은
삶의 질에
잘 수용해도
'폭력' 일 뿐이라

현실은 호스피스
사각지대가
너무 많아 우려

진료소
가장 먼저
친척이 있고
주민들 스스로

생전 장례식

우리는 어느 작은
별에서 왔나
천수를 누리려

장례식 목도하며
우리는 준비
아름다운 이별

남기고 가는 말

아흔 셋, 하얀 노모 자리에 누운
사흘째 되던 날

가까운 친족들이 서둘러 모여
애타게 해 지는

입 밖에 내지 않고 좀 울먹이는
보고 싶으세요?

누가 젤? 그때 노모 입술이 잠시
잠에서 깬 누에

"엄마…!"라, 어린 소녀
엄마 품 찾네
아흔 셋 어디로?

조내기 마을, 조내기*

무나
오이처럼
날로 먹거나
산약 같이 생겨

'아리수'
삶거나 떡
밥에 섞어서
굶주림을 대신

흉년에,
대마도에,
통신사 조엄
백성을 사랑해

가져온
구황식량,
부산 청학동
싹을 틔웠다네

고구마
오, 조엄님
현해탄 파도
소리조차 단맛

* 조내기 : 조선통신사 조엄이 영도, 조내기 마을에 심은 고구마

조 민 자

1994년 월간 《시문학》 등단
시집 『잎새와 뿌리는 서로 그리워하고』 외 2권

이팝나무

조민자

해 길어 배고팠던 보릿고개
한 많은 세상 살다 가신
우리 외할머니
음력 삼월이면 이밥 한솥해서
고슬고슬 고봉밥 담아 내신다.

살살이꽃

횡천 여의에서 북천역을 지나
사천 곤양까지 살살이꽃
내 승용차를 따라온다
하양 보라 진분홍 꽃들이
한데 어우러져
차창 밖은 한 폭의 수채화다
가을이 왔는데
왜 아직 배롱나무 꽃은
지지도 않는지 몰라
석 달 열흘을 울고도
아직도 더 울어야 하는 울음이
남아 있는 것일까
붉게 익어가는 대봉감 가지가
축축 늘어지는 시골길을 달리면
내 승용차 뒤로 살살이꽃들이
고향친구처럼
어두워질 때까지 손 흔들고 있었다

꽃과 새

곡우 지나면
뒷산에
꾀꼬리 운다

진달래
꽃필 때쯤이면
소쩍새 찾아와 기척을 하고

소쩍새 울음소리에
온 산에
진달래 만개한다

찔레꽃 향기 천지를 진동하면
남의 둥지에 새끼를 낳아 놓고
울어대는 뻐꾸기 울음에

눈물 다 말라
그때는
비도 오지 않는다

꾀꼬리 날아간 자리
소쩍새 와서 울고
소쩍새 떠나고 나면

뻐꾸기 목이 메어
왼 종일 뻐꾹뻐꾹 울더니
그 긴 봄날이 다 가더라

이팝나무

해 길어 배고팠던
보릿고개
한 많은 세상 살다 가신
우리 외할머니
음력 삼월이면 이밥 한솥 해서
고슬고슬 고봉밥 담아 내신다

풍경

석양이라는
간판이 걸린 식당에서
이른 저녁을 먹고
해변도로를 천천히 달린다
어둠이 내리는
마산 진동의 수정 앞바다
이순을 넘긴
여인의 마음속 풍경 같은
황혼녘 바다풍경
생이란 물감에 청춘을 담구어
헹구고 또 헹구어
햇볕에 바래어 말린
광목천같이 질겼던
여인의 서러운 한 생애가
오늘은 서녘 하늘에
고운 낙조로 걸린다

하얀 철쭉

겨우내 장롱 깊숙이 넣어두었던
긴 명주 수건
햇볕 좋은 마당에 내다 말린다
눈부신 봄 햇살에
거풍시켜 잘 개켜 두었다
내년 봄에도
하얀 철쭉꽃으로 피우리
아무에게도 발설하지 못했던
곱고 순결한 마음
이맘때만 되면
망울망울 터지고 마는구나
희디 흰 눈물방울 되어

백 영 희

1994년 월간 《시문학》 등단
시집 『지장경 싹이 트다』 외 3권
E-mail : mearibyh@hanmail.net

도화살 · 19
— 마술사

백 영희

도화살의 문신이 찍힌 얼굴
일백 번 읽려준 시어머니
부르튼 발바닥과 지워진 지문은
바쁜 일상을 북의 채 끝에 감아
바람을 둥둥 쳤다
전생의 겁에 이어진 복숭아 익으면

20x10
morning glory

도화살 · 18

– 가을

별이 뿌린 붉은 점
시간 뒤에 숨은 도화는
온몸이 가려웠다
운명을 엮은 기운찬 슬픔들
노을의 마음 몰고 와
숲에 숨어들었다
붉은 열정에 엉킨 가을의 싹들이
달빛을 온몸으로 받아
경을 외는 소리로
산야의 생명들 우수수 모여들어
귀를 세운다
도화의 얼굴은
복사골의 가을 잎을 손짓해
뺨에 붉은 물을 퍼부어도
마음은 바람에 퍼석거렸다
자성불의 향기가
혀끝의 지문에 업혀
열매의 맛을 남긴다

도화살 · 19

– 마술사

도화살의 문신이 찍힌 얼굴
일백 번 일러준 시어머니
부르튼 발바닥과 지워진 지문은
바쁜 일상을 북의 채 끝에 감아
바람을 둥둥 쳤다
전생의 겁에 이어진 복숭아 익으면
주술은 발가벗은 삶에 겹겹이 붙어
붉은 운명에 폭죽을 터트렸다
창틀의 숨은 달빛을 모아
색색의 그림을 그렸던 시간
검은 마술 가운을 걸치면
낡고 허름한 삶이 말랑한 볼살이
달의 이야기를 불태워
동그랗게 말린 손안으로
비둘기를 날린다

8병동의 똥방

– 밥

안으로 문이 잠긴 요양병원 8층
창문은 빗방울과 바람으로
날씨를 그린다
어머니는 유리상자 속에 앉아
겹쳐진 본능의 색깔을 더듬으며
주름진 얼굴이 겹겹의 아우성으로
저승의 출입구를 찾지못해
뇌의 반응들 헤맨다
방문자의 손에 꽂히는 눈동자
바나나 우유 하나
밝은 미소가 솜처럼 부푼다
발목이 접힌 채
삶과 죽음을 잊은
연화대에 불보살로 태어난다
색칠한 꽃그림 속에 앉아
빈 마음으로 밥을 기다린다

도화살 · 21

– 이월

난포 삼거리의 주막
물메기 몸을 펴 햇살에 꾸덕꾸덕 말린다
설치 해안가 언덕 위의 고향집
곡우 전에 이슬 삼킨 우전차 향이
빤짝이는 파도를 줍는다
타닥타닥 장작불 타는 냄새
첫사랑 입맞춤을 그리다
깔깔대는 웃음소리와 뻥뻥 터지는 수다가
바다에 빠진 날
물메기 아가미와 부레 사이
하얀 살결이 구워지는 냄새
동백꽃잎 꽂은 소녀
방향 잃은 갈매기를 쫓아가다
지장경 읽는 소리로 살풀이춤으로
바다를 품는다
투명의 기억들 저도의 연륙교로 간다

도화살 · 22

– 진도

진도 앞바다의 노란 리본이
가슴에 들어 와
투명의 시간을 깨운다
아픔의 순이 자라 몸이 떨리고
손발이 엉킨 마음들
분노의 색깔로 바람의 몸짓으로
새로운 날개를 키운다
환청에 실신해 눈물샘이 사라진 누이들
칼날을 가진 자의 붉은 눈들
관매도 찻집에 손잡은 바람이 된다
미역과 쑥의 향기가
천개의 노란 웃음이 되어
한적함을 깨우고
시간 뒤에 자꾸만 숨는다
한낮 장닭의 목에서 게워낸 울음이
배의 깃발이 되어
핏빛 무성한 노을을 지운다

한경동

1995년 월간 《시문학》 등단
시집 『과일의 꿈』 외 4권
E-mail : hankd6521@hanmail.net

(詩) 들리는 소리

한경동

꿈에도 한참 젊었던 어느 봄날
우연히 다가왔던 그 사람
밤새도록 내 무릎 끌어안고 울었다
- - - - - - -
이름조차 잊은 그 사람
풍경처럼 내 마음 추녀 끝에 매달려
이제는 밤새도록 나를 울린다

20x10 morning glory

가을 너른지

좁은 산골도 너른 듯이 붙인 이름 너른지*
늙은 감나무 이웃 담 넘어 슬그머니 팔 걸치고
처갓집 왔다가 선걸음에 돌아가는 사위처럼
해 떨어지기 바쁘게 먹물 번지듯 어둠이 스며들면
부엉이 뺨치게 밤눈 밝은 녀석들이
간간이 닭서리로 온통 마을을 들쑤셔 놓던 곳
오밤중 울 어매 베틀소리에 단잠 설치고
농사일 서툰 울 아배 눈만 뜨면 빼끔담배 피웠다
너른지, 가벼운 중 떠나자며 이삿짐 쌌던 고향마을
이집 저집 이 빠지고 무너진 돌담 사이
서늘한 가을바람만 드나드는 빈집 많아 왠지 춥다
타향살이 설움이야 밤새워도 다 못 들먹이겠지만
숨 떨어진 다음에야 돌아온 우리 아배 어매
그나마 누울 자리 있어 한 시름 덜었는데
나고 죽고 떠난 사람 많아 낯선 골목 낯선 하늘
허전한 마음만 서산머리 뜬구름 마냥 서성인다
삶이란 너나없이 바람이나 빗물 같은 것
어느새 손아귀를 빠져나와 슬그머니 사라지고
다시는 생각 말자해도 이내 되돌아오는 고향하늘
쑥부쟁이 꽃들만 지천으로 핀 언덕 너머
너른지, 잡초 뒤덮인 산중 논마저 허허벌판이다

* 너른지 : 경남 고성군 삼산면에 있는 동네 이름. 너른 땅이라는 뜻

만년필 연가戀歌

톡 톡 잘 부러지는 기억들이 썰물처럼 밀려가고
해거름 얼굴 불콰해진 노을이 뉘엿뉘엿
수평선 멀리 한껏 부풀어 올라 출렁출렁
무슨 얘기라도 좀 해보라고 부득부득 조를 때
밀물소리 주름진 턱밑까지 글썽글썽 차오르면
그대여 나는 손때 묻은 만년필로 참 오랜만에
기억 저편의 당신 얼굴 그리며
가슴 밑바닥에서 길어 올린 눈물 같은 사연으로
푸른 잉크 빛 물결 위에 다 못 쓴 편지 쓰나니
밀려가고 또 밀려오는 그리움은 새삼 나를 울리고
물러나 모래 위에 네 이름 다시 쓰고 지우며
가슴속 뜨거운 모닥불 뒤척이는 사이사이
그런저런 사랑이며 회한이며 또 몇몇 가지
우리들 생은 그렇게 또 저물어 가네

수국水菊 이야기

태종대 태종사太宗寺에 수국 보러 갔더니
수국은 철 일러 아직 못 다 피었고
웬 꿈같은 이국異國처녀만 보았습니다
절 마당 둘레 둘레
꽃이야 내년에도 피겠지만
연보라인지 물보라인지 하늘하늘
나비 한 마리 날아다녔습니다
젊은 당신도 눈길만 따라다녔습니다
파르스름한 수국이 발갛게
얼굴 붉힐 때까지
부처님 넌지시 웃고 있었습니다

진달래꽃

일도 글도 어정잡이 울 아버지
오랜만에 땔나무하러 가시더니
참 엉성한 나뭇짐 위에 줄레줄레
춤을 추며 따라온 진달래꽃 한 무더기
목마른 김에 벌컥벌컥 마신
막걸리 때문인지
가뜩이나 한시름 놓은 얼굴에
때 이른 복사꽃도 덩달아 피고
아버지
군불이야 구들 깊숙이 들거나 말거나
생전 처음 노래 한 곡조 뽑았습니다
그나마도 숨이 차서 쉬었습니다

들리는 소리

젊어도 한창 젊었던 어느 봄날
우연히 다가왔던 그 사람
밤새도록 내 무릎 끌어안고 울었다

새소리 바람소리
가는귀먹어 세상소리 차츰 멀어져도
눈물 젖은 그 무릎 아직 촉촉하고

이름조차 잊은 그 사람
풍경처럼 내 마음 추녀 끝에 매달려
이제는 밤새도록 나를 울린다

송 인 필

1995년 월간 《시문학》 등단
시집 『비밀은 바닥에 있다』
E-mail : ips3300@naver.com

NO. 1

키스

송인필

활과 리라의 팽팽한 긴장
서로를 빨아들이는 지상과 천상의 소나타
꽃은 서방 가장 깊게 스미기 직전이

20×10

장마

새벽까지 구름수제비를 반죽하며
뜨건 멸치국물을 퍼내는 하늘

까만 깨를 갈아 넣은 반죽을
치대고 치대고 또 치대면
우루루 쏟아지던 하늘

물기 많은 어머니의 반죽
길게 늘어지던
그 해
들리지 않는 한 줄
아버지 목소리를 반죽했다

달

가령, 당신 마음의 일부를 잘라내어 나에게 꽂아 뿌리를
내린다면
새로운 당신의 마음이 번뇌하는 길이 된다면
어쩌겠는가 당신이 물었다

가령 당신의 마음 마디 하나를 꺾어 내 집 마당에 꽂아두고
날마다 밥을 주고 물을 주는 일과
날 선 톱날로 당신의 마음을 베어
내 집 마당에 심어 뿌리내리길 기다리는 일 중
당신은 어느 길을 택하겠는가 내가 되물었다

당신의 근원체와 나의 근원체는 원그림 같아서
가까이서 보면 가볍고 멀리서 보면 무거워서
서로의 발길이 머물고 눈길이 닿는 그 즈음에
마음의 뿌리를 띄우면
뿌리가 뿌리를 긁는 소리
뿌리가 뿌리에 뒤채는 소리
그리지 못한 변두리에 머물지 않겠는가
둥글어진 주위가 아득해지지 않겠는가

당신마음의 아득함을 나에게 삽목하는 날
침묵을 혼자 삼킨 동공이
똑 같은 동공을 바닥에 환하게 뿌리내리지 않겠는가

모차르트, 단맛

찰츠부르크 성벽에 주저앉아 손톱을 물어뜯는 새
잘차흐 물길 종일 오르내리던
옛일은 모두 잊어버리기로 했네

너무 잘 아는데 자세히 그려지지 않는 얼굴
몸 속 어딘가에 숨어 있는데 잡히지 않는 목소리가
단맛처럼 흐르는 저녁

단맛은 너와 내가 함께 걷던 성벽 아래
갑자기 주저앉아 손톱이나 물어뜯으며

내 날개를 줄테니 너의 전생을 달라
새의 기도에 익어가는 맛이네

다 날지 못한 마카르트 다리 끝에서 뒤돌아보는 어둠
레퀴엠을 달게 삼키네

난민 SCHOOL

팻말학교의 시선은 북향이다

바다모래에 묻은 기둥의 종아리
북쪽별이 되고 있는 팻말학교

모래바다의 먼 발치

바람은 제멋대로
땀냄새를 끌며
지우고 싶은 글자만 지운다

동강난 내일을 다시 세우는 팻말학교

팻말학교의 명치에 총구를 대고
누가 또 방아쇠를 당긴다

매직

비밀의 무대를 애태우면서 그는
아프락사스의 날개를 폈다

누구에게도 말하지 않고 비밀의 무대를
놀라게 한 그
아무도 모르게 등허리에 구멍을 뚫고 날개기둥을 꽂았다
겨드랑이 배꼽 발가락까지 온통 날개들의 뿌리로 뒤덮혔다

젊어지고 또 젊어졌을 것 같은 뼈 시린 자리
오랜 허기의 가장 안쪽 물그릇만 만지던 자리에서
날개가 솟았다

평생 바닥만 기던 그가 벌떡 일어나
성큼 하늘로 솟았다
흔적의 입을 빌려 엉엉 가슴을 쳤다

비밀 밖으로 길을 등지고
무대 위로 날아오르는 씨앗을 뿌린다

수많은 씨앗이 무서운 속도로 달려왔다
무성하게 그의 날개를 이식했다

배 기 환

1997년 월간 《시문학》 등단
시집 『젊음의 징비록』 외 다수
E-mail : kj3870@hanmail.net

海, 어머니

배기환

희망의 반사체라 할 수 있는 파도는 고향으로부터 활주연 동시에 무의식의 세계를 매우 역동적으로 폭발시킬수 있는 힘을 가지고 있다 어쩌면 그 바다는 바로 내 어머니인 법이다 지금도 내 몸속에는 그 어머니가 밀물로, 때로는 썰물로 한없이 출렁거리고 있다

하이패스

시속 70킬로미터에 고정된 삶의 속도감이
누워있는 낡은 도시를 헤집고 달린다
습관적으로 브레이크를 밟는 순간에도 바람은
까닭 없이 가는 길을 가로막고 교통방송 아침 뉴스는
한 진보 정치가의 투신자살 소식을 전하며 입에 거품을 문다

딩동! "통행료 1400원이 정상 처리되었습니다."
바다와 접신한 부산항대교를 통과하는 순간 공연히
이 다리가 왕창 무너져버린다면 나는 어떻게 될까 하고
생각할 여유도 주지 않고 벌써 영도를 거쳐
남항대교를 통과하고 있다

푸른 시간들이 밀려왔다 밀려가는 바다 위를 날아다니는
저 케이블카들은 필시 보라매의 디엔에이가 흐르고 있을 거야
하얀 가운을 걸친 종합병원 옥상 비둘기들이
날카로운 부리로 각종 암세포들을 콕콕 쪼고 있다
우리네 삶의 행로도 안전하게 통과할 수 있는 하이패스는 없을까

비평가에게

詩詩꼴랑 한 말들만 조작하여
詩답지 않은 詩라고 함부로 시부랑거리며
詩詩非非하지 마라

투병

복음 병원 5 병동 812호실
위胃와 간肝에 무거운 암덩어리를 꿰차고
투병 중인 그는 한 때 잘 나가던 의사였다
정작 자기 체내에는 암세포가 자라고 있는 줄 모르고
남의 아픔만 청진기로 감지하며 고통을 들어주던 그는
언제 닥칠지 모르는 죽음 앞에서도 조금도
두려워하거나 당황하지 않고 태연하다

머지않아 이 지구도
죽음의 아무르강을 건너게 될 것이란다

그렇다. 과학자들의 말을 빌리면 아마 50억 년쯤 뒤에는
연료가 바닥이 난 태양이 소멸되고 가스와
먼지로 이루어진 우주는 시뻘건 불의 고리로 변하여
지구도 결국 종말을 맞게 될 것이라고 하는데
그때 죽으나 지금 죽으나 완급의 차이일 뿐
어차피 죽기는 마찬가지 아니냐고 하면서도
점점 야위어가는 팔뚝에 항암제를 꽂는다

海, 어머니

나에게 최초로 각인된 바다는 내 어릴 적 외갓집이 있던 남해안의 어느 한적한 어촌 마을 출렁이는 파도였다 희망의 반사체라 할 수 있는 파도는 고립으로부터 탈주인 동시에 무의식의 세계를 매우 역동적으로 폭발시킬 수 있는 힘을 가지고 있다 어쩌면 그 바다는 바로 내 어머니인 셈이다 지금도 내 몸속에는 그 어머니가 밀물로 때로는 썰물로 한없이 출렁거리고 있다

서황리 이장님

38 학우회는 시골 초등학교 동창 모임이다.
졸업생 47명 중 이미 11명은 저승 가고
현재 36명 남았는데 전깃불도 없던 깜깜한 시절
제대로 먹고 제대로 입지 못한 전쟁 통에 태어난
전쟁둥이들로서는 아직 75%가 살아남았으니
그래도 생존율이 괜찮은 편이 아닌가

동문 중에서는 건설업을 하는 사장도 있고
목사와 장로, 약사를 비롯하여 시인까지 있는데
그중에서 가장 출세한 친구는 뭐니뭐니 해도
하동군 북천면 서황리 이장님 J 군이다
고향 일이라면 아무리 어려운 일도 그를 통하면
안 되는 일이 없으니 한마디로 그의 위상은 대단하다

더욱더 그를 부러워하는 것은 아주 오래전
전국 새마을지도자대회에서 비공식적으로 개최한
〈남성 심벌 콘테스트〉에서 당당하게
우승을 차지했다는 소문이 전해지고부터다
그에 걸맞게 고향에서 뽕나무 농장을 하고 있는 J군
그가 바로 동문수학하던 38 학우들의 자랑이다

장 동 범

1999년 월간 《시문학》 등단
시집 『심심』 외 6권
E-mail : suchonjdb@naver.com

<홍단풍>

애타게 빨간 내 마음 같아서
단풍은 으레
가을에 물드는 줄 알았는데

청단풍은 가을에 물들고
홍단풍은 봄부터 물들다

어쩌겠는가
타고 난 생김이 그런 걸

- 강홍연 -

꽃무릇

몸이 꽃인 적 있었다

몸이 꽃인 꽃들끼리
붉게 모여
주위 환한 적 있었다

온 몸이 꽃인 줄 모르고
아쉽고 그리운 정에
마음 시린 적도 있었다

그러다 잎 나기 전
꽃잎마저 시들자
이내 잊히고 말았다

청춘은 그렇게 지나갔다

홍단풍

세상만사 제 마음 같아서
단풍은 으레
가을에 물드는 줄 알았는데

청단풍은 가을에 붉고
홍단풍은 봄부터 붉다

어쩌겠는가
타고 난 성질이 그런 걸

새소리

휘욧 휘욧 휘이 찌이~
눈부신 봄 햇살, 적막하다

찌잇 찌잇 찌이~
뚱뚱한 젊은이와 깡마른 중년 남자의
낯선 한낮 데이트

삐익 삐익 삐이익!
한반도 허리깨 널문리
맑은 하늘색 도보다리에서
새소리 사이사이 입술 말한다

끼 끼 끼 끼~
금단의 땅에서 자유로운
청딱따구리나 되지빠귀 산솔새
직박구리 곤줄박이 박새가 노래한다

파블로 카잘스의 새들처럼
쯔~잇 찌! 쯔~잇 찌!
평화! 평화!로 들린다

청송에서

청정은 먼 바다에만 있는 게 아니었다
검푸른 바다에 떼 지어 유영하는
고래등 마냥 산들 꿈틀대며
굳센 줄기 이루는 백두대간 속
푸른 소나무의 바다,
겨울 청송은 청정함 자체였다

산골로 들어간 오랜 친구와
세상 사는 얘기 나누며
주왕산 가는 길 내내
나의 시선은 그러나
구비구비 산길 따라 곡선 이루는
산등성이 실루엣 쫓고 있었다

어디 청산별곡의 소망이
가인과 자연 속 청빈한 삶이라면
한반도 노년기 산들의 오목한 계곡과
잘록한 등허리, 젖무덤 봉오리처럼 원만하랴

작금의 세태에
늘 푸른 소나무 같은 지조 보기 어려우나
팔순노구로 우리 정신의 주체 찾아
고구정녕 궁리한 일연 스님 발자취 찾아
인각사 근처 헤매다 지칠 즈음

그만 청송 산길로 접어들며
자연에 병든 고운 마음쯤 짐작했었다

한 때 광교산 자작나무 숲에서
벌거벗은 겨울나무의 정직함 노래해
오래 뭇 시샘 샀던 노시인이나,
이 나라 예능의 중앙 독점 권력과 문단 횡포
필마단기 시골검객의 도도한 객기로
일도양단해 청량감 불러일으켰던
광대패의 재인도 마침내 마침내는
허옇게 센 머리 주억거리며
저잣거리 주리틀림 당하는 꼴
청송의 솔숲에서 차마 씻지 못했다

이윽고
주왕산 우람한 개골 바위 마주하자
소나무 잔가지 꺾고, 귓불 애며
몰아치는 계곡 칼바람은
그 누구도 아닌 나를 향해
탐, 진, 치 삼독 씻고
푸르고 맑게 살라, 울고 있었다

CVID-죽음의 미학

나는 모른다
내가 언제 이승을 뜰지

하물며
완전하고, 검증 가능하며, 돌이킬 수 없는
죽음이랴

그러므로 나는
언제 이승을 뜰지 모른 채
오늘도 살고 있다

하물며 언젠가
완전하고, 검증 가능하며, 돌이킬 수 없는
나의 죽음을
산 자 가운데 뉘라서 규정하랴

나는 안다
내가 이승을 뜨는 날
다만 죽음만이
완전하게 검증하고, 되돌아올 수 없게
어딘가로 이끌 것임을

그리하여 나는
언제 이승을 뜰지 모른 채
오늘도 태연히 살고 있다

김지숙

2001년 월간 《시문학》 평론 등단
시집 『푸른 솔숲 꽃이 되어버린 바람』 외 1권
E-mail : kjsinfano@hanmail.net

NO. 1

詩쟁이

김지숙

오래전 시인이 이 시대에 건너와 산다면 그들을 부르는 이름이 따로 있었으리

이 시대에 사는 詩人을 모두 詩人이라 是認하기 거북하고 是認의 숲 가운데 선 그들은 분명 詩詩한 다른 이름으로 서로를 불렀으리

20×10

노루똥

반쯤 입 벌린 서랍 가득
돌돌 말린 영수증
낙엽으로 반쯤 가린
노루똥처럼 쌓여 있다

무얼 먹고 그 흔적
소복이 한 곳에 모아 두었나

더운 밥을 함께 넘기고
어린 연두 키우던 일상
둥근 식탁에 둘러앉아 보낸 시간들
나의 성으로 지켜낸 정성들이

저 서랍 안에서
붉은 동백꽃 무리처럼
뜨겁다

방가지똥

산길을 오르다보니
맑은 개울에 발을 담근 채
신나게 나물 씻는 아주머니

'고것이 뭐냐' 하니 '엉겅퀴' 란다
'방가지똥' 이라 일러줬더니
'이게 풀인디 방아깨비똥일리 읎지유' 한다

그래 이름이야 아무려면 어떠랴
방가지똥만큼 큰 그 얼굴에 행복이 가득한데
엉덩이를 들썩대며
재미나게 나물을 씻는 모습을 보면서
그 말하길 참 잘했다고 봄볕에 넌지시 말한다

* 방가지 : 방아깨비의 충청도 방언

도토리 키

그만한
양심만 있어도
세상은 따뜻하다

도토리 키에도
가려지는 진실 앞에서

'도토리 키'
작다고 말하지 마라

그만큼이라도
진실할 수 있다면
세상은 살만하다

이름

통영의 마을 이름은 모두가 꽃이다
다시몰 사발개 다랑골 도리골 미늘 발개
달아 동피랑 새바지 담안 가오치
가만히
입 안에서 그 이름들 우물거리면
멍게향이 슬슬 올라온다
다시 한번
그 이름들 소리 내어 불러보면
혀 위에서 자음과 모음이 돌돌 굴러
도르륵 도르륵
몽돌 구르는 소리가 난다
따뜻한 봄날
하얀 모래사장에 그 이름들 써 보면
꽃 꽃 꽃 하면서
석화가 마구 마구 피어 오른다

詩-너란

-心
벽 뚫는 화살 되랴 돌의 날개 되랴 시린 마음의 온돌되지

-새벽잠
싹둑 싹둑 싹둑 새벽잠 잘라 너를 만난다

-이불
'훅' 하고 끌어당기는 이불 한 자락처럼, 추운 마음이 따뜻하다

-태평무
태평무 추는 도도한 여인의 도포 자락 끝에 네가 서 있다

-돌
단단한 마음 닮은 굳은 심지로 한결같이 사랑해 온 너

-수저
스치고 지나가는 한 점 시어도 맑고 가볍게 건지고

-詩쟁이
오래전 시인이 건너와 이 시대에 산다면 그들을 부르는 이름 따로 있었으리 이 시대에 사는 사람은 詩人을 모두 詩人이라 是認하기 거북하고 是認의 숲 가운데 선 그들은 분명 詩詩한 다른 이름으로 서로를 불렀으리

이 혜 화

2001년 월간 《시문학》 등단
시집 『열렬한 그대』
E-mail : vandy58@hanmail.net

NO. 1

하늘빛

이혜화

먼 하늘이 달개비꽃빛이 마
이 꽃의 꽃받침을 얌전히 펴 압화를
만들면 어여쁜 하아트 모양이 된다.
길섶, 한참을 들꽃도 만드는 사랑표?
이은 선 하늘도, 더디은 선 땅도
우리에게 모두 사랑을 선물하누나.

앵매도리櫻梅桃梨

앵두꽃 핌
매화 향내 짙고
복숭아꽃 열리고
배꽃도 이뻐라
앵매도리

너는 너답고
나는 나다워
각,양,각,색
목숨껏 피워 제 얼굴로
웃더니 맛다른 열매 맺었다

키가 같은 나무가 없듯
작고 낮고 크고 높아도
생애를 선 자리에서 순하게
정박한 나무들

울울창창 숲을 이루네

사람은 꽃보다 숲보다

아름답지 못하다

길

난해한 삶을 해독하느라
詩의 어깨에 앉아도 보고
바람에 실려 산맥을 돌아보아도
모두가 정진행淨進行이다

남은 날들을 건너기 위해
만만찮은 물살 위에
징검다리 하나씩 놓는다

거슬러 갈 수는 없어도
쉬임없이 나아가야 한다

작동의 스위치 ON을 누르면
함께 움직이는 언어들
의기양양!
위풍당당!
승승장구!

사람이란 살아 내는 것

이기지는 못해도 지지 말고
굽히지 말고 떳떳이

용맹정진 하란다

종람이청

물에서 나왔지만
물보다 찬 얼음

쪽풀에서 나왔으나
거듭 물들이니
쪽보다 푸르다

나를 딛고 넘어서 가거라

우뚝 솟아라

더욱 더 푸르거라

진정한 스승의 마음

소원

수원水源이 멀면 흐름이 길고

하늘이 맑으면 땅이 밝은 것

대우주에 소우주

그 에너지 속에 산다

더운 것, 찬 것만 알 뿐

앞 일은 캄캄한 중생

어두운 밤 길에 등불 하나 들었네

이만큼 살아 온 것도 공이요 덕이고

기적 아닌가

몇 유순由旬을 걸어야 너를 만날까

신조어

너무 더워서 글자들이
아랫도리를 벗었다
ㅋㅋㅋ
ㅎㅎㅎ

까짓거
윗도리도 벗기자
ㅠㅠㅠ

뭥미?
헐!
요리 방송에서
설탕도 한 꼬집만
넣으란다

국어사전에도 없는 말
한 줌도 있고 한 웅큼도 있으니
한 꼬집도 있어야지

최 지 인

2006년 월간 《시문학》 등단
시집 『오래된 약속』
E-mail : sangyeo65@hanmail.net

〈매화꽃 질 때면〉

그런 날 저녁 밥상에는 슬며시
연분홍 봄빛 몇 장 얹은 꽁치 위로
은밀한 시선이 오가고
나는 잠도 오지 않는데
빨리 자라는 채근이 이어졌다

— 최지인 —

매화꽃 질 때면

첫사랑은 몰라도
아이 낳고 살다보니
정 없이도 어찌어찌 살아지더란다

농투성이 아낙네
뒤란 장독대에 매화꽃잎 하르르 날리면
머릿수건 고쳐 매며 나직이 읊조렸다
–참말 곱구나, 니가 봄이너

그런 날 저녁 밥상에는 슬며시
연분홍 봄빛 몇 장 얹은 고추장 종지 위로
은밀한 시선이 오가고
나는 잠도 오지 않는데
빨리 자라는 채근이 이어졌다

어김없이 봄은 또 지고
거울을 보듯 밤새
눈망울 더 또랑또랑해지던 아이가
손등의 얼룩을 지우고 있다

화술에 대하여

저기요,
있잖아요,
그냥요.
누구는 어렸을 적부터
입버릇처럼 붙어버린 말이라 했지요

사람과 사람 사이
관계와 관계 사이
때로는 입도 귀도 닫고 살고 싶지만

세상은 더불어 사는 거라서
모나고 덧난 마음자리
궁굴리고 덧대고 잇기에
이만한 말이 또 있을까요

이름을 모른들 어떤가요
굳이 이유를 설명하지 않은들 어떤가요

어색함도
머뭇거림도
낯선 경계도 허무는
부드러운 화술

저기요, 있잖아요, 그냥요.

풍등

느들 분위기 망치게 이 늙은이가 주책없이 거는 뭐 하러 따러가겠너 아따, 후제 미련 맹글지 말고 다리에 걸을 심만 있으믄 무조건 따라댕게야지요 실랑이 끝에 팔순 노모의 마른잎맥 같은 잔기침을 안목카페거리에 부려놓은 밤 멀리서 달려와 커피 한잔에 동해바다를 유리창 째 사는 사람들, 그 틈새에서 오도마니 등잔불처럼 자울거리던 노모가 한 순간 눈을 반짝인다 〈야야 저기 하늘에 불덩이가 날잖너 저게 뭐이나 저 높은 데를 끝도 읎시 둥실둥실 잘도 나는구너〉 바다를 가로 질러 밤하늘을 향해 소신공양처럼 밝힌 풍등의 행렬 눈치 빠른 제부가 슬쩍 자리를 뜬다 등을 밝히는 노모의 간절한 손끝에 바르르 떨던 정월 바람도 잠시 곁을 내준다 병든 나무에 수액 바늘을 꽂은 듯 하늘을 향해 등을 날리는 노모의 두 손에 힘이 실린다 그저로 시작하는 수많은 그저 그저란 노모의 벅찬 조아림들, 그 뒤에서 나는 매년마다 그 조아림을 다시 볼 수 있기를 가슴으로 기도했다

지상에서 하늘로 쏘아 올리는 소지, 별을 끌어당겨 새로운 별을 새기는 그 혼신의 작업을

개망초 연가

– 문바우댁로

사무실 앞 인도를 따라
일정한 거리를 두고 하얗게 손 흔드는
개망초 화분들

배고픈 어린 날
빈집에 동그마니 혼자 남아
저녁을 휘감는 안개와 씨름하다
잠든 곁에나 맡아지던
땀내 절은 엄마의 기척 같은 꽃

자글거리는 햇살
고함을 지르는 경적소리
신축 공사장의 땀과 먼지까지도
그 꽃들 앞에선 수굿해진다

사는 일에
가슴이 데인 날이면
퇴근길 걸음을 길게 늘이게 되는
나는 그 길을 문바우댁*로라고 부른다

* 문바우댁 : 주위에서 친정어머님을 부를 때 지칭하는 택호

수국을 읽다

태종사 앞마당
유월 한낮이 연둣빛 사리를 물고
묵언정진을 하고 있다

바글바글한 발자국들
헛꽃에 속세를 덧칠하는데
천사인 듯 미려한 이국 처녀의 등장에
절 마당엔 고요한 소란이 동동거린다
―이 또한 떨쳐 낼 헛꽃이려니

청색수국이 그려진 부채로
오후를 부풀려
마지막 붉은색의 수국을
미리 불러내는 손길에
법당 안 환한 연등이
따스한 손을 흔든다

고훈실

2010년 월간 《시문학》 등단
시집 『3과4』(2017) 시in 동인
E-mail : Kosu89@hanmail.net

동백꽃 인생

[illegible]

이번 生은 글렀으니
비정규직도 어려우니
머리에 붉은 띠 동여매고
질끈 바다로 간다

동백꽃 인생

마린시티 맞은 편 다복솔 섬에
내색 없이 도착한 꽃

이번 생은 글렀으니
비정규직도 어려우니
머리에 붉은 띠 동여매고
질끈 바다로 간다

우리가 버린 비린내는
동백이 흘린 선혈
면접 없이 바다로 뛰어든
맨발의 기억

동백에 들면
심장이 화끈거려
시퍼런 잎을 낸다

꽃모가지의 혈흔을
사이다처럼 털어 넣고

빨간 인증 샷을
날리는 난,
얼마나 비릿한가
얼마나 수상한가

안나 G*

외로운 병따개의 방이 있다
아주 잠깐 빛나는 별과
몸통 없는 얼굴 발 없는 다리가
얼룩져 있다

애완 망치를 구비한 사람이
급커브로 들어온다
하나는 가능성, 다른 하나는 無
별이 최후의 후식을 탐하는 동안
병따개의 윤리는 차가워진다

비비안 마이어가 사랑한
15만장의 사진 속
연인의 아침이 흑백으로 분할된다
여자의 양팔을 들어올리는
발레리노의 손, 기지개는 춤이 되고

춤추는 항복을
처음 보여 준 여자
바다가 있기 전 와인이
출렁거렸음을
반만 웃는 얼굴로 연결하다,

계시록 몇 장 위에서 접힌다
외투와 리본이 몽타주를
가리고 핑크빛
병따개의 방이 있다

* 안나G : 여자 모양의 와인 병따개

오디오 진정제

무엇이든 읽어준다
원소주기율표 구치소 식단 개명한 이름 박카스 성분 서울 지하철 3호선 역이름
불닭 볶음면 조리법 노래가사 명함 나이트클럽 전단지 달력 빨간 날 우산 작동법

또 무엇이든 읽어준다
생물의 종다양성 게스트 하우스 명단 자전거 조립법 이백 시선집 렌트카 계약서
LA다저스 투타 정보 네이버 댓글 구두 관리법 때밀이 요금표 꼬리 명주나비 서식지

아직 읽어 주지 못한 것

양 한 마리부터 백스물 네 마리까지 세다
깜박 잠든 내 눈꺼풀

더 읽어 줄 것

나라는 열차에서 뛰어 내린 나
자동항법 장치를 버린 어제의 나
모리스블랑쇼의 공간을 찾아가는 지문 속의 나

울트라바이올렛

난 오른쪽에 봄을 심고 넌 반대편에 그늘을 편다
난 10년 동안 풍선껌을 불고 넌 교살무화과를 돌본다
산형꽃차례 아래 숨는 비를 넌 그리고 난 엎지른다

불과 얼음이 섞이는 순간 귀와 눈의 향방이 쏟아진다
차거나 뜨거운 것들의 기호를 조작하는 건 21세기의 낡은
직업, 내게 심겨진 빛의 세력은 아직 회전하는 부호일 뿐
이어서 눈과 귀는 자꾸 전진한다

빨강과 파랑을 상극이라 하는 아침
빨강과 파랑을 조화라 부르는 하오
소유를 풀어버린 보법, 내게서 흘러나온 윤곽이 너를 궁금
해 하지만 무작정 파고드는 투과성

우린 돌발적으로 서로에게 복귀하고
내가 있는 곳에서 난 범람한다

서로를 드러나게 하는 건 세계를
불안하게 하는 일, 서로를 당겨 지하 백 미터에서 끓자는
약속
붉음 속의 푸름이 동시에 켜지고 우리의 거짓말도
콩 볶듯 튄다

너의 볼륨이 커지는 쪽으로 쭈욱 가자

지중해

아무에게도 속하지 않는 절벽이 있다

눈물같은 건 발아도 못한다
멕시코에서 토끼 선인장이 쓸려온다 해도

집요한 바람도
맥 놓고 수평선을 바라볼 수밖에 없는

직립의 퍼런 노하우
자랑할 수 있는 건 뻣뻣한 모가지
아무도 발생하지 않고
아무도 측정되지 않는 곳

내게 파란 지붕을 보여줬던 사람은 사기꾼
이온음료 마시며 바다를 가르던 광고는
귀신 씨나락의 기억

보이는 건 아무에게나
사정없이 등 떠미는 낭떠러지
미지근한 바닷고기 태풍 없는 고요가
일시에 몰락하는

바다의 쇄골이 드러난다
물빛을 번득이는 파랑

인기척이 직각으로 온다
잠시 선명해지는
내가 어지럽다

이효애

2012년 월간 《시문학》 등단
시집 『그 틈, 읽기』 외 2권
E-mail : Eagle4716@hanmail.net

늙는다는 것은

— 이효애

늙는다는 것은 시간이
천천히 마모되어
몽당 연필처럼 닳아가는 거

늙는다는 것은 생의 전부가
화곡이 되어 아름다워지는 거

그리하여 삶이 완성되어지는 거

명자꽃 앞에서

화알짝 핀 명자꽃을 보고
명자야 하고 반갑게 불러본다
봄볕같이 살가운 꽃잎으로 하필
초등학교 친구 명자가
'응' 하고 대답한다
세월이 가도 변하지 않는
여전히 생김새가 오목조목 깊은
또랑또랑한 그 친구
명자를 닮은 명자꽃
한동안 내 언저리에서 널 볼 수 있어
춘사월이 마냥 들뜬다

시계

한번 가면 두 번 다시 올 수 없는
일방통행인 그 길을
엄격한 그 길을
넌 다시 올 수 있어 좋겠다

어쩌다가 한번쯤 죽었다가도
다시 깨어나서 좋겠다

가도 가도 늙지 않는 넌
시간이 아니고 시계여서
정말 참 좋겠다

늙는다는 것은

늙는다는 것은 시간이
천천히 마모되어
몽당 연필처럼 닳아가는 거

늙는다는 것은 생의 전부가
화폭이 되어 아름다워지는 거

그리하여 삶이 완성되어지는 거

우주를 받아 쓰다 · 5

– 마늘 파종

검은 복면을 쓴 텃밭에
부엉이 눈알들이 일렬종대 줄을 긋고
시월 하순이 시리다며
루테인같은 마늘 파종 서두르는
텃밭 언저리로
도화살만 푸르른 애간장이
발동동 구른다

벌써부터 창백한 갈빛에 매몰된 나는
파란 하늘로 앉아
부엉이 눈알을 파헤치며
빠르게 스쳐가는 절기를 꺼내들고
나르는 새의 꽁무니를 물끄러미 바라본다

사파이어 같은 하늘 화선지로
흰 장미 무늬를 걸판지게 그린 화가
바탕색이 일품이라며 자화자찬 일색인 나절
언제 긋고 갔는지 모를
제트기 꽁무니로 하염없는 나, 이방인 같은

가을은 이렇게 마늘 파종을 더디게 해놓고
시월 하순을 달랜다

우주를 받아 쓰다 · 6

– 겨울 상추

소박한 비닐하우스는 푸른 꿈
나지막한 둔덕을 핑계로
위안을 삼은 텃밭
겨울 내내 삭막한 내 식탁을
푸른 코사지로 장식한다

엷은 햇살 꼬물꼬물 피어나다
움츠러들기를 반복하는
스스로를 실험 삼은 작은 비닐 돔
보기만 해도 연약해 보이는
낭창한 그 속으로
볕은 끈질기게 자라
두 폭짜리 푸른 치마 자락 풍성히 흔든다

어쩌다 상고대 피는 날이면
쐬기 바람에 홑이불이라도 벗겨질까
치맛자락을 에워싼 볕이라도 벗겨질까
얼른 밭으로 달려가 보석 같은 돔 어루만진다

너로 인해 내가 푸르러지는 꿈 버릴 수 없어
겨울 내내 앞서가는 마음 달달하게 멍든다

김 예 진

2014년 월간 《시문학》 신인상
2017년 경상일보 신춘문예 당선
E-mail : kyj3@hanmail.net

NO. 1

손

김 예진

내 손을 보았다 하루도 빼놓지 않고
무언가를 적는 나의 손을
세심하고 따뜻한 그의 배려로
나는 오늘도 겸손하게 그 무엇인가를
손으로 쓰고 손으로 읽는다
고맙다 네가 나의 친구라서
내 어딘가에 속해있는 또 하나의사랑
그 모든 사랑이 내 손끝에서 나온다

20×10

바닥과 고양이

허방을 맞힌 듯
거무칙칙한 냄새가 난다

꽃 피다 간 곳에
희고 단아했던
몇 개의 획이 떨어져나간다

거칠고 불안한
눈빛들이 둘러앉아
하류소설을 쓰는 시간

허술하게 문을 닫은
공장의 기계처럼 녹들이 쌓인다

폐부 깊숙이 들앉은
마른 기침이 바닥을 쏟아낸다

밤고양이가 불심검문을 한다
허를 찌르는 눈초리로
한번 씩 방을 할퀴고 간다

벚꽃 액자

널 그리는 창가에
내 애타는 마음을
꽃몸살처럼 걸어두고

여기저기 들떠서
한 열흘 뒤척이는 동안
긴장이 풀려버린 붓의 터치

자로 잰 듯한
새벽 한 때 비, 계절처럼 지워지는 문밖

그만큼 흘려놓고
서둘러 길 떠나는 너
열차는 달리고

창마다 내미는 손들이
벚꽃액자를 싣고
어디론가 가는 길이 분주하다

습기 찬 눈으로

저녁 밥상머리에
미처 앉기도 전에
액자 떼어낸 자리에 녹이 번지고 있다

하구의 방

수두룩하다
흰 꽃처럼 야윈
강폭을 따라
구름처럼 모여든 늦가을 그림자

기슭이 많은
모래언덕에 서서
왔던 길 뒤돌아보니
거스를 수 없는
세월이 강둑을 기대고 섰다

굽이굽이 마르지 않았던
눈물의 의미는
쉬이 발설하지 못한 구석진 방

구석을 흔드는
문밖이 소란스럽다
한 무리 새떼가 강 너머로 간다
하구언 바람이 곁에 와서 눕는다

로마

먼 기억 속에 사는
땅의 유적을 깊이 파고들면

벌이 꽃을 해치지 않듯
창문틀에 남은
아름다움이나 애처로움을
함부로 대하지 않는
그들의 비장한 눈빛에 무릎을 쳤다

첫머리에 올라앉아
사람을 다스리던 지배처럼

모든 길이 통했던 영원의 도시

철학을 그렇다 하고 떠들던
이름들도 군데군데 있어
어디를 가도 철학이었다

노숙자에 걸인마저도
하루아침에 이루어지지 않았다는 듯
그냥 바람으로 걸었다

과거 위에 새로운 것을 쌓는
그들의 사랑법은 흔적이 되고 있었다

설국에서

거대한 신 앞에서
나는 할 말을 잊은 채
흰빛 바다에 가만히 떠 있었다

심해의 산호초같은
구상나무가 바람을 흔들었다
별이나 카드를 달면
크리스마스트리가 되겠다는
그 생각까지 갔다가 왔다

영원한 마스코트 같은
통나무집 주위로
하이디와 피터와 염소가
가물가물해지는 시간

꽃의 기억으로 돌아가고픈
한 묶음의 나이를
흰 눈 속에 집어넣었다가
공중으로 녹여먹고 싶어졌다

알프스는 영원할 것이고

그 땅에서 채록된
목동의 요들송이 입안에서 움직였다

김검수

2017년 월간 《시문학》 등단
시집 『간토기 앞에서』 외 다수
E-mail : dchmotor@hanmail.net

NO. 1

블랙박스 5

김경수

붉은 눈빛을 두리번거리는 길고양이
한 마리 굽은 등뼈를 늘어뜨린 채 기화
원의 비질소리를 모른 척한다 거친 보
도블록이나 핥고 있는 마른 시간이 아
스팔트 위를 굴러다니고 세상의 곁바퀴
를 굴리며 불면속성 비상구를 잠식하는

20×10

블랙박스 · 1

백미러를 응시하며
신의 눈동자를 거듭 헤아린다
사각지대를 밀쳐내고
고정된 관념과 암시를 생각한다
거리를 해킹당한 나는
얼굴을 가리고 방향 지시등을 지운다
일방통행을 떨쳐낸 보도블록은
풀무질하던 가슴과 동행한다
순간 포착에 과속페달을 밟으며
한편으로 기우는 눈의 초점을 세운다
반쯤 풀린 동공은
급브레이크에 조여든
안전벨트를 풀어헤친다
쏟아지는 졸음을 갓길에 밀어 넣고
견고한 눈시울이 벌이는
가변차선을 모자이크 한다

블랙박스 · 2

사차선 주행도로
눈시울이 동그랗게 덫에 걸린다
가드레일을 설치한 벌거벗은 가로등
전광판은 차선변경 금지를 감시중이다
은폐된 밀실이 경적을 울린다
모발에서 빠져나온 모세혈관이 촉수를 뻗는
1차선 도로의 가면을 쓴 그림자
신발 한 짝을 매달고 비명을 지른다
분리 수거되지 않는 엠블런스는
긴 경보를 울리며 다가선다
쓰러진 아스팔트 위에서
피투성이 하나,
250cc 오토바이 한 대
팝콘으로 펑 튕겨오른다
웅성거리는 군중 사이에서 솟구치는
신음, 숨 막히는 절규
먼 파도소리가 테트라포드를 때린다
호루라기를 입에 문 무리들은
흐트러진 몸뚱어리를 담아간다
엠블런스 소란이 멀어지고 있다

블랙박스 · 3

플랜카드를 낚아채는
목격자는 저만치 물러난다
낮술에 젖은 혓바닥이
비상등을 켜는 듯 접는다
가변차선 너머로 일보 후진한다
궤도 밖으로 밀려난
악다구니는 저만치 정지선을 비켜간다
무수한 진술을 쏟아내며
과거의 기억을 저울질한다
굳은 몽타주가 화석처럼
거리 한 쪽에 비스듬히 기운다
목발을 짚고 횡단보도를 건너던 여자는
어둠 입구에서 어둠을 운다
허공에 꽂힌 머리칼이 펄럭이고
아픈 속살을 스키드 마크에 찍는다
허기진 눈빛을 두리번거린다
충혈된 파편을 허공에 찍는다

블랙박스 · 4

8톤 타이탄 트럭에 실린 육계
정육점 출입문을 빠져나온다
오른쪽 운전석에 앉은 삐에로는
검수모타빌딩 불빛을 읽는다
황사바람에 흔들리는 낯선 도시
눈시울 풀어진 화장을 거푸 지운다
윈도 브러시가 등판을 다독이는
조명등 혓바닥이 비틀거린다
여송연 담배 연기는 발자취를 음미한다
빌딩의 갈증에 뒷바퀴를 채운
충혈된 허기로 거리를 방황한다
고장난 레미콘의 후면 반사경에 비친
녹슨 철계단 아래서 갑자기 비명을 지른다
아스팔트에서 치솟아 오르는 오존은
도시 옆구리를 휘감아 돈다

블랙박스 · 5

묵비권을 몸에 감춘
새벽 언저리의 고장난 도시는
CCTV에 클로즈업된다
붉은 눈빛을 두리번거리는
길고양이 한 마리
굽은 등뼈를 늘어뜨린 채
미화원의 빗질소리를 모른 척한다
지린 보도블록이나 핥고 있는
마른 시간이 아스팔트 위를 굴러다니고
세상의 귓바퀴를 굴리며
불연속성 비상구를 잠식하는
황사바람은 갈증을 앓는다
이른 아침의 한랭성 기류를 쓰러뜨린
팔차선 도로가 널부러진다
검은 한 오랏줄이 지나간다

정 성 환

2017년 월간 《시문학》 등단
2018 시집 〈당신이라는 이름의 꽃말〉
E-mail : richboy79@daum.net

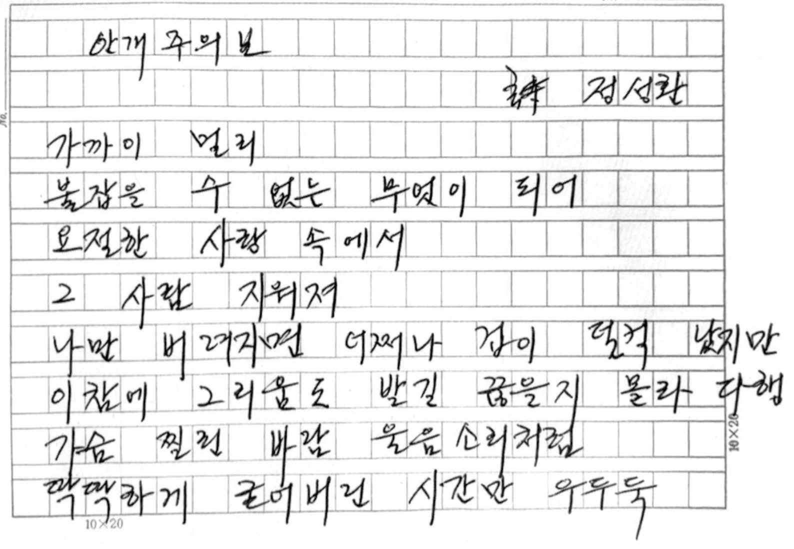
안개 주의보

詩 정성환

가까이 멀리
붙잡을 수 없는 무엇이 되어
요절한 사랑 속에서
그 사람 지워져
나만 버려지면 어쩌나 겁이 덜컥 났지만
이참에 그리움도 발길 끊을지 몰라 다행
가슴 찔린 바람 울음소리처럼
딱딱하게 굳어버린 시간만 우두둑

안개주의보

가까이 멀리
붙잡을 수 없는 무엇이 되어
요절한 사랑 속에서
그 사람 지워져
나만 버려지면 어쩌나 겁이 덜컥 났지만
이참에 그리움도 발길 끊을 지 몰라 다행
가슴 찔린 바람 울음소리처럼
딱딱하게 굳어버린 시간만 후두둑 흩어지는 날
멸망하지 않는 이별 미리 알려준들 무엇하랴
추억 따위로는 다시 피어나지 않는 러-어-브
미지근한 맥주 태연히 마시다
허물어버렸다

시래기 다발

겨울 여문 속 풀어헤치는
흙벽 시래기 다발 소리 바닥에 떨어져도
묵정밭 어릴 적 꿈 깨뜨리지 않았다
바스스 바람 맞더라도
푸르런 무청의 꿈 부서지지 않도록
손 맞잡고 서로 엮으며
나지막이 이 땅에 은총 고백하는 중
바람 앞질러 내달리는 종소리마냥
서두르지 않으며
고스란히 속 비우고
앙상한 겨울 빛 제 몸에 바르고 발라
유장한 한 생 재우고 있다

모두가 이어져 있었다

밤은 있어도 어둠 없었던 태곳적부터 모두가
이어지는 물길 같았다
담 너머 굴참나무는 일출의 빛으로 하루 깨어나
아침부터 푸른 잎 흔들어 하늘 닮았고
느지막이 찾아든 마파람은 한 줄 한 줄
도토리 신화 읽으며 천천히 나이 먹었다
제 손으로 벌어 제 먹는 조그만 도요새도 행복하여
더 가볍게 날았고
돌아오는 고깃배 물결 헤치는 소리에
모두가 안도하며
산은 산으로
새들은 새들로
사람은 사람으로 돌아가
고스란히 서로의 밤 안았다

그림자

남의 입 통해 들을 수 있겠지만
난 동네마트에서 쉽게 살 수 없고
저어기 목포 종합수산시장 정도 가야 구경할 수 있는
빨판 힘 엄청난 낙지 같은 당신 바라기라고나 할까
당신 만나고선 뜨거운 햇살 맞서며
한 번도 잡은 손 놓지 않았어
당신은 뒤돌아 날 기다린 적 없겠지만
당신 뒤에서 숨죽여 기다리곤 했었지
가끔 앞서서 걷기도 했지만 그건 알지
당신에게도 의지할 누군가 있다는 걸 알려주기 위해서지
당신 흔들리면 길들여진 몸 최대한 키워 품어주었고
갈 곳 잃은 밤이나 비 내릴 때도 사라지지 않을 거야
나, 당신의 영원한 덤이잖아

9월

빼곡했던 매미 음성
헐거워지고
뙤약볕에 널어놓은 그림자
느릿하게 걸어오면
수행길 떠나는 풍경소리
극락전 기웃거리는 배롱나무 목말 타고
뚝,
홍시 따듯
여름하늘 자락
끌어내린다

윤유점

2018년 월간 《시문학》 등단
시집 『나의 인생의 바이블코드』 외 2편
E-mail : stoneyoon@hanmail.net

NO. 1

회색벽화

윤유점

귀환을 위해 숲으로 가던 나 삼백다
섯 개의 뼈마디는 해체 된다 역광에 비
친 바위는 단단하다 하늘에서 울부짖는
꿈 비로소 환하게 살이 터진다
손끝이 저리도록 종이학을 접는다
다시 텅빈 하루는 시작된다

20×10

프로파일

유기된 애증이 미끈거린다
뼈만 남은 그림자는 어둠에 떨고
변조된 음성은 메말라간다
휘청거리는 길목과 길목 사이
가로수는 뜬금없이 휘어진다
나는 지금 몸을 잃은 젖은 눈이다
영혼이 투신하는 바다
한낮의 태양은
달의 몰락을 아쉬워한다
다시 가다듬은 목청으로 노래하는
황금 거울을 든 마녀가
핑크 구두를 발에 꿰고 있다
잠 못 드는 늦은 저녁별
멀리 달아난 밤을 앓는다
환승역에서 노란 기차를 기다린다
물구나무 서는 몽상은 탈선한다
마네킹에 옷을 입히는 그의
머릿속에는 온통 별이 떨어지고 있다
몸이 기억하는
리셋버튼을 누르는 그 한 때를
적막이 커다랗게 기다리고 있다

회색벽화

푸른 감마선에 감전된
붉은 나무가 타고 있다
잿빛 렌즈가 반짝이면
내 귓가를 흔드는 총성은 잠깐
나는 붉은 핏발로 벽을 지운다

온몸을 훑고 지나가는 불빛
밀려나는 곳으로 다시 밀려간다
발밑에 잠겨있는 슬픔의 단면을 자른다
끝없이 몸을 바꾸는 어둠은 투명하다
그림자를 인식하기까지
경계는 어디에도 없다

귀환을 위해 숲으로 가던 나
305개의 뼈마디는 해체된다
역광에 비친 바위는 단단하다
하늘에서 울부짖는 꿈
비로소 환하게 살이 터진다

손끝이 저리도록 종이학을 접는다
다시 텅 빈 하루는 시작된다

변주곡을 위하여

짓밟힌 피멍을 앓는 동안에도
엉겅퀴꽃은 엉겅퀴꽃이다
훔쳐보는 눈빛이 간지러운 웃음을 짓는
또 하나의 적멸이 아득하다
등나무 한 그루는 그늘에 앉아있다
끝날 것 같은 볼레로 4분의 3박자
달빛에 익어 절인 점액으로 거품을 문다
살아가는 것과 몰락하는 것
디지털시계는 2시 5분에 멈춰있다
개수대에 쏟아부은 속 쓰린 귀엣말
어둠에 불을 질러야 한다
손바닥에 박힌 귀엣말 가시는
눈물 어린 신호를 보내온다
늦은 댓글로 입술 문지른다
핏기 없는 얼굴과 미각을 잃은 혓바닥이
날카로운 상처를 긁는다
치근거리듯 내려앉는 빗소리에
어깨 늘어뜨린 상복이 가만 젖는다
보랏빛 꽃이 젖는 등나무 아래
조금 더 서글픈 은유를 본다

햇빛사냥

당신의 몸에서 종소리가 난다
등줄기를 타고 작은 숫구멍에서
꽃이 핀다
천문에서 울려퍼지는 아득한
당신은 고개 들어 꽃을 본다
푸른 바람개비처럼 돌아가는 꽃망울

꽃을 찾아 달리는 당신의 유년
작고 작은 샘은 부드러워지고
숨소리로 피는 꽃망울은 다시 솟아오른다
바람의 숨결은 동서남북으로
봄의 정령을 실어보낸다
하늘과 대지의 향기가 짙다

세상을 견디는 법을 익힌 당신
드넓은 초원에서 햇빛사냥을 하는
당신의 몸에선 풀 냄새가 난다

풍선을 날리며

감귤껍질을 까며
노랗게 위장한 풍경을 읽었다
감귤 빛깔로 부풀어 오른
노란 입맛과 목덜미에
일곱 살 겨울 하늘이 떠 있었다
열세 살의 실핏줄은 멍들어 파래지고
세상을 버린 아버지를
열일곱 살 적에 끌어안고 울었다
초점을 잃고 새파랗게 숨 막힌
엄마의 눈동자를 끌어안았다
전쟁터 소용돌이의
총알은 내 허벅지를 핥으며 지나갔다
절망으로 치장된 내 젊음
푸른 이끼는 선홍색 피로 물들었다
그가 건네준 노란풍선을 띄우던
허공도 사라지고 한강철교 물살은
숨 가쁘게 짙푸른 소용돌이었다
비장이 아려오고, 검푸른 간장을 끌어안고
한강철교 아래의 소용돌이 물살을 굽어보았다
전갈자리별이 우수수 떨어지는 사하라
그대가 날린 사하라풍선도 멀고
현기증 앓는 바람에
노랗게 위장한 길바닥을 버렸다

발표자료

현대시와 무속 / 이몽희

시 쓰기의 동기와 욕망의 탈주 / 강남주

시의 미래와 역사성 / 한경동

현대시와 미디어 / 장동범

현대시와 무속

이 몽 희

1. 신내림과 成巫

신의 선택을 받은 巫 후보자는 神病체험을 통과해야 한다. 신병이란 무 후보자의 몸을 신이 점령하는 과정에서 앓는 병이다. 극심한 빈곤 질병 사별 핍박과 천대 고독 등으로 심신이 붕괴되어 극도로 허약한 사람, 恨이 많은 사람이 선택의 대상이 된다. 신은 그 사람에게 몸을 내 놓으라고 요구한다. 대신 살아갈 길을 열어주겠다는 조건을 내건다.

이 초기 단계에서부터 양자 간의 극렬한 대립과 투쟁이 일어난다. 신이 사람에게 내리면 극심한 고통이 뒤따른다. 수치감과 모욕감 페르소나와 자기방어의 의지는 그로 하여금 목숨을 걸고 신을 거부하게 한다. 그러나 신의 강요는 끈질기다. 심하면 사람을 죽여 그것을 다리 삼아 건너오기도 한다. 이 투쟁의 고통이 극심할수록 신을 수용하고 화해했을 때의 환희와 극치감은 뜨겁다. 신의 영력도 크게 받는다. 이 극치감의 정점에서 새 무당이 말문을 연다. 신의 말, 곧 공수인 것이다.

새 무당은 큰 무당으로부터 내림굿을 받아 영력과 제의 주관의 기능을 인정받는다. 이렇게 하면 무교의 사제가 되어 '굿'을 맡아 진행할 수 있다. 무당의 몸을 점령하는 신을 몸주(몸주神)라고 하는데 몸주와 무당의 관계는 공적으로는 君臣의 관계 主從의 관계와 유사하지만 사적으로는 부부관계에 가깝다. 신이 내리면 그 극점에서 무당은 성적 절정감에 가까운 무아경에 든다. 몸주가 혈연관계 인척 관계가 되는 경우에는 근친상간의 문제가 되어 무당에게 고통을 심하게 줄 수도 있다.

신병의 바탕에 깔린 두 가지의 원리가 있다. 그 하나는 죽음을 통과한 사람만이 생사의 경계를 넘나들 수 있고 신과 대화할 수 있다는 것, 그 둘은 한이 많은 사람이라야 남의 한을 풀어 줄 수 있다는 것이다.

2. 고시가古詩歌와 무속

우리 민족의 가장 오래된 詩 (詩歌) 〈公無渡河歌〉에 무속이 어떻게 자리잡고 있는지 분석해 본다.

公無渡河(공무도하) 님아, 그 물을 건너지 마오
公竟渡河(공경도하) 기어이 건너시다가
墮河而死(타하이사) 물에 빠져 죽으시니
當奈公何(당내공하) 님을 장차 어이할거나

白首狂夫가 머리를 풀어헤치고 강으로 들어가고 있었다. 그의 손에 호리병이 들린 것으로 보아 술에 취했음이 분명하다. 그 뒤를 따라 달려온 그의 아내가 소리 높여 부르며 강으로 들어가는 남편을 만류했으나 그는 끝내 돌이키지 않고 물속으로 들어 사라졌다. 그의 아내는 슬픔에 젖어 강변에서 箜篌를 탄주하며 노래를 불렀다, 노래가 끝나자 그도 강으로 들어가 빠져 죽었다. 이 과정을 나루터를 지키는 津卒 곽리자고가 다 보고 그의 아내에게 전해주었다.(이하 생략)

배경설화를 분석해보면 이 노래의 장면은 하나의 과정으로 구성된 것이 아님을 알 수 있다. 남편을 살리고자 황급히 달려온 아내의 손에 제법 부피가 있는 공후라는 악기가 있을 리 없다. 그런데 주저앉아 슬피 울며 노래하는 그의 손에 공후가 있었다. 따라서 공후가 있고 없는 두 장면이 극적 효과를 높이고자 하나의 장면으로 압축된 것이라 볼 수 있다. 단적으로 말하면 백수광부가 물에 빠져 죽는 장면과 아내가 공후에 맞춰 노래를 부르는 장면 사이에는 상당한 시차가 있었고 뒤의 장면은 아내가 연출한 혼건지굿인 것이다.

지금도 물에 빠져 죽은 혼을 건져 올리는 굿을 바다나 강에서 가끔 볼 수 있다. 이 굿의 핵심은 死者와 가까운 사람이 애절하게 반복하여 그의 이름을 부르는 것이다. 이 시(노래)에도 '님이여' 하고 부르는 의식이 네 차례나(각 연마다) 반복되고 있다. 간절한 招魂인 것이다. 남편의 혼을 불러 몸에 실음으로써 무아경에 든 아내는 남편과 함께 흐르는 강물에 실려 죽음의 경계를 넘은 것이다. 招魂은 무속의 핵심 과제로서 시가와 무가에 면면히 살아남아서 김소월의 시 〈招魂〉에까지 이른 것이다.

3. 현대시 속의 무속

오월

유 홍 준

벙어리가 어린 딸에게
종달새를 먹인다

어린 딸은 마루 끝에 앉아
종달새를 먹는다
조잘조잘 먹는다
까딱까딱 먹는다

벙어리의 어린 딸이 살구나무 위에 올라 앉아
지저귀고 있다 조잘거리고 있다

벙어리가 다시 어린 딸에게 종달새를 먹인다

어린 딸이 마루 끝에 앉아 다시 종달새를 먹는다

보리밭 위로 날아가는
어린 딸을
밀짚모자를 쓴 벙어리가 고개 한껏 쳐들어 바라보고 있다

〈첫째 연〉

이 시에는 세 가지의 동일시(일체화)가 숨어 있다.

1차적 동일시: 벙어리와 종달새의 동일시 → 벙어리는 종달새가 되고 싶다 → 벙어리의 희망은 점점 간절해진다 → 나는 종달새다.

2차적 동일시: 벙어리(아버지)와 어린 딸의 동일시 → A는 A를 낳는다. 벙어리는 벙어리를 낳는다 → 어린 딸도 벙어리다. 원시적 사고(원형적 사고)의 한 패턴이다.

3차적 동일시: 어린 딸과 종달새의 동일시 → 종달새를 먹은 딸은 종달새가 된다 → 추장의 고기(심장, 간)를 먹으면 추장(~같은 사람)이 된다 → 문둥이가 애기를 먹으면 애기같이 깨끗해진다.(서정주 〈문둥이〉)

〈둘째 연〉

먹는다는 말이 사람과 사람 사이에 그대로 쓰이면 食人이 되고(카니발리즘) 은유로 쓰이면 '하나가 된다', '성적 교접을 한다' 등의 뜻으로 변용된다. 이 시에서는 근친상간적인 분위기를 조장한다.

마루 끝. 마루 끝은 방과 세상의 경계선이다, 어린 딸의 어제까지의 거소는 어두운 방이었고 오늘은 거기서 나와 (마루 끝에서) 세상과 마주하고 있다. 내일은 저 넓고 밝고 높은 세상으로 나갈 것이다. 무속적인 시각으로 보면 어두운 방에서의 길고 고통스러운 神病을 겪고 오늘은 마루 끝에 나와 앉아 재생과 비상을 꿈꾸며(神과 화해하고 스스로 신의 영을 받아 신과 하나가 됨) 종달

새를 먹는다.

〈셋째 연〉

정체를 알 수 없는 惡神, 또는 몸주神과의 긴 투쟁 끝에 신과 화해하고 몸주신으로 받아들인다. 초기 接神단계의 안도와 기쁨이 있다. 말문도 열리기 시작한다.

〈넷째 연〉

나무는 샤머니즘에서 하늘로 오르는 사다리 혹은 층계를 상징한다. 천신이 하강하는 통로가 되기도 한다. 딸이 살구나무 위로 올라간 것은 그의 정신적 영적 상승을 의미한다.

〈다섯째 연〉

딸의 몸은 아직 마루 끝에 있다. 종달새(몸주)와 일체를 이루지 못했다. 그래서 벙어리인 아버지(큰무당으로 암시된다)는 반복해서 딸에게 종달새(자신과 동일시 된)를 먹여 영적 상승을 유도한다, 몸주가 접신자를 온전히 장악하고 지배하는 과정이다.

〈여섯째 연〉

딸은 종달새가 되어 하늘(그의 세계)로 날아올랐다. 몸주와 무당이 하나가 되어 영적 극치감에 이르게 되었음을 보여준다. 아버지인 벙어리는 자신의 생명과 영력을 딸에게 먹여 종달새가 되어 날게 함으로써 자신의 소망까지도 이룬다. 어떤 평론가는 이 장면에서 아버지가 그 무의식 속의 아니마를 계속 딸에게 쏟아부음으로써 딸의 영력과 생명을 강하게 하였다고 평설하였다. 지상에는 한갓 지푸라기 같은 허수아비만 남았다. 그러나 허수아비를 감성의 주체로 인식한다면 딸에게 자신을 희생으로 바치고 텅 빈 껍데기로 지상에 남은 아버지의 비애 또는 애수로 볼 수도 있을 것이다. 굿이 끝난 빈 굿판에 혼자 남은 무당이 그러하듯.

무속적인 사고와 시각으로 이 시를 보면 어린 새 무당의 성무과정이 그 안에 녹아있음을 알 수 있을 것이다.

이 짧은 글은 '현대시 속에 무속이 어떤 모습으로 잠복하고 있는가'를 설명하기 위한 보조자료로 이용하고자 쓴 것이다. 따라서 읽는 것만으로는 이해하기 힘든 부분이 많아 글을 쓴 사람으로서 독자들에 대한 송구스러움을 금할 수 없다.

그런 한편 독자들이 이 짧은 글을 통하여 무속은 우리 시의 정신적 사상적 바탕으로서 그 속에 녹아 면면히 계승되었으며, 현대시도 무속적인 여러 요소들로부터 크고 작은 영향을 받고 있음에 다소라도 공감할 수 있었다면 참 고마운 일이라 생각한다.

시 쓰기의 동기와 욕망의 탈주

강 남 주

＊ 시를 이론의 구조물로 쓰지 않기. 보고 싶은 대로 보고 쓰고 싶은 대로 쓰기 라캉, 들뢰즈, 푸코(Jacques Lacan, Gilles Deleuge, Michel Paul Foucault) 참고

□ 시는 말하는 것이 아니라 말해지는 것이다.

道可道 非常道/名可名 非常名
(도라고 말할 수 있는 도는 영원한 도가 아니다. 이름을 붙일 수 있는 이름은 영원한 이름이 아니다.) 老子

이름 때문에

이름이 없을 때는
자유로운 꿈이었다.
이름이 붙고 난 뒤에는
고객을 바라보는 눈이 되었다.
상표는 커튼이 되어
존재의 불빛을 가리고,
이름은 무거운 짐
부자유의 무게일 뿐이다.

\- 강남주 -

＊ 시는 힘들여 만들어내는 상품이나 상표일 수 없다. 스스로 만들어지는(말해지는) 것이어야 한다.

□ 정체성은 타자에 의한 끊임없는 자신의 재정립-자아멸각 (Postmodernism) 위에 구축

프리다 칼로 1
　　- 자화상, 부서진 기둥

1년 동안 나를 만나요
2년 동안 나를 만나요
난 매일 나를 만나요
아무도 나를 찾아주지 않아
난 거울 속 나만 그립니다.

- 이선 -

* 질병, 남편의 일탈, 성의 정체성, 타자화와 자기 발견

□ 억눌린 내면, 탈주 욕망-지식은 진실이 아니라 기만적 알리바이 수단

신의 악기

바라만 보아라 핑크빛 하이힐
얼마나 정교한 여자의 비밀인가
힐의 예술은 여자의 하반신, 탄력 있는 경주마 엉덩이,
그 아래 꼬리처럼 모여진 살색 종아리
여자는 제 힐 소리 들으며 걸을 때 삶이 출렁인다.

- 이초우 -

* 오이디푸스 콤플렉스에서 자기기만, 알리바이를 만들어 성의 정체성을 찾아간다.

□ Nomadology-자본주의 탈출을 꿈꾸는 좌익적 정신분석
욕망 조장시대-탈 코드 시대-자본의 힘이 기존가치 파괴-
새로운 욕망 창출

하지!

그럼, 내게 왔을 때만 너는 내 여자야
문을 나서고, 꽃잎처럼 날려가는
지구 끝에서 온
너를 붙들고 있으면 안 되지
새는 날아야 새가 되는 거야
정말, 왜 이리 긴 거야 오늘은
옛날
싫은 과목의 끝나지 않는 수업 시간 같이

\- 김주완 -

* 새로운 자아를 찾기 위한 이동을 갈망한다.
기존가치(지루함)을 벗고 출구와 입구를 모색

□ 말의 세계, 억눌린 무의식의 세계, 풀어내기 위한 반작용의
세계
맺힘을 풀어내기 위한 언어와 동작이 예술, 자기정화, 억눌
린 욕망의 탈주, 해방

보도블록이 방전되었다

구둣발소리가 가끔씩 더듬거리고
모서리가 조금씩 마모된 길들이
뒤늦은 문자 메시지로 전송되어오곤 했다.

오늘 당신의 눈 색깔은

겨울 벚나무의 검은 둥치야라고 여자가 말하자
나를 가리던 당신
어제 그 차도르를 벗어봐 라고 남자가 말한다.

검은 우울을 겹겹이 두르고
하루의 길을 걷다 왔어 라고 여자가 말하자
차도르를 한 당신
어제 그 눈알을 벗어봐 라고 남자가 말한다.

– 김예강 –

* 방출되지 않는 자의식은 구둣발소리처럼 더듬거린다.
억눌린 의식의 상관물로 차도르를 끌고 왔다.–검은 우울과 등가.

시의 미래와 역사성

한 경 동

I. AI의 시대와 詩가 살아남을 길

〈詩文學〉 4월호(2018)의 기획특집인 姜南周 詩人의 '산업사회와 시의 운명'을 읽었다. 한국의 이세돌과 중국의 커제가 AI와 대결해 패배한 내용을 예로 들면서, 앞으로 인간의 지능이 인공지능(AI)에 압도당하는 상황을 염두에 둔 예언적 詩論이었다.

강남주 시인은 인공지능이 바둑 시합 정도에 머무르는 것이 아니라 지능적 노동력과 인간이 감당하기 힘든 정밀한 각종 업무까지 도맡아하고 있으며, 대량생산의 형태로 표준화, 규격화된 지금의 詩는 머지않아 알파고로 상징되는 인공지능에 의해 대체될지도 모른다는 심각한 고민을 하면서 詩의 소멸을 우려하고 있다. 이 같은 심각한 문제의식에 약간의 의견을 덧붙여보려 한다. 우선 두 가지 記事를 소개한다.

> 〈기사1〉 지난 2015년 호주 시드니에서 열린 'TEDx Youth' 무대에서 스웨덴의 작가인 오스카 슈워츠는 사람이 쓴 詩, 그리고 컴퓨터가 생성한 詩를 비교하며 청중에게 물었다. ***"어느 쪽이 사람이 쓴 詩이고, 어느 쪽이 컴퓨터의 결과물인가?"(단계별 샘플 제시)
>
> 첫 번째는 비교적 쉬웠다. 사람이 쓴 시와 컴퓨터가 쓴 시가 확연하게 구분됐기 때문이다. 청중들은 압도적인 비율로 사람의 쓴 시를 정확하게 구분해냈다. 하지만 다른 예시에서는 청중들의 의견은 반반으로 갈렸다. 고도의 인공지능 알고리즘을 통해 학습한

이후 AI가 시를 창작했기 때문이다. 오스카 슈워츠에 따르면 약 65%의 사람들이 진짜 시인이 쓴 詩와 AI가 쓴 詩를 구분하지 못하는 것으로 나타났다.

이언 굿펠로우는 "특정 문장 스타일이나 화법을 기계에 학습시키면 이를 학습해 사용자보다 훨씬 풍부하고 정교한 언어를 사용할 수 있다"고 말했다. 예를 들어 미국의 유명작가인 마크 트웨인(Mark Twain) 특유의 문장 전개 방식을 공부시킨 뒤에, 글쓰기 과정에서 자신의 글을 마크 트웨인 스타일로 변조하는 것이 가능하다는 얘기다.(*조선비즈 2017.9.25. 부분발췌)

〈기사2〉 AI가 창작 분야에 도전한 것은 이미 뉴스가 아닐 정도로 많은 시도가 이뤄져 왔다. AI가 쓴 시나리오가 영화로 제작됐고, AI가 쓴 소설이 나오고, AI 시인의 시집도 출간됐다.

2016년 벤저민이라는 AI가 쓴 시나리오로 9분짜리 SF(Sciece Fiction) 단편영화 '태양샘'(Sunspring)이 만들어졌다. 이는 영화감독 오스카 샤프와 AI 연구자 로스 굿윈이 함께 만든 것으로 이들은 인공지능 벤저민에 '스타트렉' '마이너리티 리포트' 'X 파일' 같은 수십 편의 영화와 SF 시리즈물 시나리오를 입력해 학습시켰다고 한다. 영화는 우주정거장에서 한 여자와 두 남자가 벌이는 삼각관계에 대한 이야기다.

그 해 일본을 대표하는 SF소설가 故 호시 신이치(星新一)를 기리는 '호시 신이치 문학상'에 AI가 쓴 작품이 예선을 통과했다. 이는 공립 하코다테(函館) 미래대학의 마쓰바라 히토시(松源仁) 교수가 주도한 프로젝트팀의 작업으로 이들은 2012년부터 AI와 인간이 함께 창작한 작품들을 응모해 왔다. 이들은 호시의 소설 1,000여 편을 컴퓨터로 분석해 단어의 종류, 문장 길이, 문체 등을 학습시키고 이를 조합해 새로운 이야기를 만들도록 했다.

(*2018.5.15. 동아일보)

위 두 기사를 읽고 나면 인간이 쓴 문학작품들을 인공지능이 일정부분 학습하여 모방, 복제할 수 있으며 그로 인해 독자들이 작가와 인공지능의 작품을 점점 구분할 수 없게 될 것이라는 점을 알 수 있다.

그런데 강남주 시인이 언급한 알파고는 현재 '알파고 제로'라는 방식으로 급속하게 대체되고 있다. 간단하게 말해 알파고는 인간이 입력한 자료들을 바탕으로 딥러닝deep running이라는 방식을 통해 기존의 체계를 학습한 것이라면, 알파고 제로는 인간의 지식 없이 자체적인 학습이 가능하다는 것이다.

구글의 子會社 딥마인드는 과학잡지 'Nature'誌를 통해서 '인간의 지식 없이 바둑 정복하기'라는 논문을 발표했는데, 이를 기반으로 한 알파고 제로는 바둑 기본규칙만을 제공받고 인간의 棋譜가 아예 없는 제로에서 출발하여 3일 만에 자체강화학습을 끝내고 기존 알파고와 바둑으로 붙어서 100:0이라는 결과를 냈다.

기존 알파고인 '알파고 리'는 16만 건에 이르는 기보 데이터를 학습하고 이를 기반으로 스스로 바둑을 두면서 실력을 쌓는 강화학습을 통해 12개월 만에 이세돌을 이겼는데, 그런 알파고의 실력을 3일 만에 무용지물로 만들었던 것이다. 알파고 제로는 독학하는 과정에서 인간이 터득한 바둑의 定石을 스스로 깨달았을 뿐 아니라 독특한 자기 流의 定石을 개발할 정도였다고 한다.

이것이 말하는 것은 무엇인가. 우선 인공지능보다 인간이 더 창의적이라는 편견이 깨졌다고 볼 수 있다. 알파고 제로처럼 인공지능 스스로 인터넷을 통해 자료를 습득하고 학습하면 우리가 생각하지 못했던 독특한 문체와 구성을 가진 문학작품을 만들어낼지도 모른다는 것이다.

특히 요즘처럼 원전을 읽지 않고 기계적으로 소위 잘 나가는 스타일을 모방하는 작가들이 점점 늘어나는 상황에서, 방대한 인류 문화의 정수를 빠른 속도로 학습한 알파고 제로는 작가들을 압도하게 될 수도 있다.

시의 미래를 그려보기 위해 현 시점에서 스스로 예술성과 창의력을 학습한 인공지능이 현재 어떤 모습을 보이고 있는지를 찾아보자. 카이스트에서 뇌과학을 가르치는 김대식 교수가 방송에서 언급한 내용을 인용해본다.

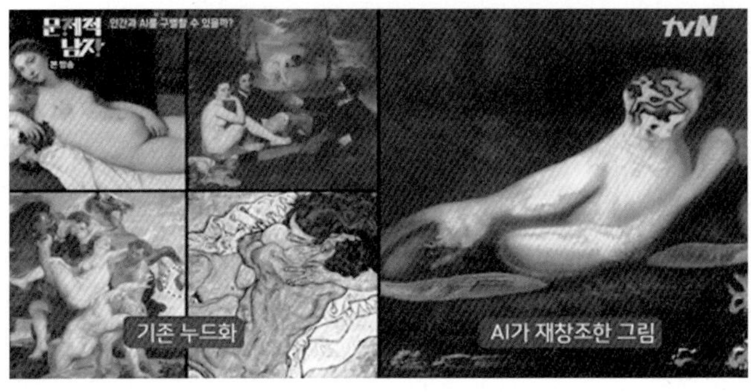

오른쪽 그림은 인공지능이 기존의 누드화를 바탕으로 스스로 학습하여 재창조한 것이다. 인공지능 AI(Artificial Intelligence)는 수천만 장의 누드사진을 학습하고 누드란 이런 것이라고 스스로 해석을 하여 저런 그림을 만들어냈다. 이것을 인공지능이 가진 의외성이라고 말한다.

그런데 이것이 누드화일 때는 그저 이상한 그림에 불과하지만 기계가 세상을 주도하게 되고 인간사회에 대해 가치판단을 하기 시작하면 심각한 문제를 일으킬 수 있다. 누드화는 지금부터 AI인 나의 것이 표준이라고 선언할 수가 있는 것이다.

인공지능 AI는 스스로의 판단에 의해 인류가 불필요한 존재라는 결론을 내릴 수도 있다.(*문제적 남자 내용 중에서)

다른 분야에서도 마찬가지다. 인간이 통제하지 못하는 인공지능 위주의 세상이 도래하면,즉 인공지능이 자유의지를 가지게 되면 그 인공지능은 인류가 만들어온 유산들을 송두리째 비효율적이라는 이유로 부정하게 될지도 모른다. 질문을 던지면 대답을 해주는 대화형 인공지능은 위와 같은 언급을 하여 한때 세상을 경악시키기도 했다.

이제 詩와 AI에 대해서 다시 생각해 볼 필요가 있다. 강시인은 *인공지능이 만들어내는 향기롭고 감각적인 詩와 *기교만을 부리는 인간의 詩가 경쟁해야 할 상황에 대해 우울한 예견을 내놓았는데 과연 그렇게 될 것인가.

우선 현 시점을 기준으로 판단해보면, 적어도 인류가 남긴 방대한 문학작품에 대한 데이터베이스를 빠른 속도로 학습하고 일정한 문체와 경향성을 프로그래밍한 인공지능은 점점 더 경쟁력을 갖춰나갈 것이라고 예견할 수 있다. 즉, 일정한 가이드라인을 주고 인간이 쓴 것과 유사하게 AI에게 작품을 쓰게 하는 것은 시간 문제다.

두 번째로 인공지능 스스로 새로운 감성을 창작하여 내놓는 것에 대해서는 위 누드화에서 보듯이 아직 성공을 확신할 수 없다. 이것은 마치 TV납량특집에서 귀신을 보고 놀라는 것과 비슷한데, 귀신형상이 무서운 것은 사람을 닮았기 때문이다.

또한 그리 머지않은 시기에 AI가 쓴 것인지 인간이 쓴 것인지 판별하는 인공지능이 출현하게 될 것이고, 복사물로 판명된 인공지능 작품은 인간들에 의해 공식적이고 의도적으로 배제될 가능성이 매우 크다.

동시에 기계보다 못한 감성을 가진 예술가들도 퇴출될 수밖에 없다. 작품이 아닌 정치에 줄을 대서 예술적인 권위를 지니던 이들도 함께 물러나야할 가능성이 크다. AI가 작품을 수치와 계량을 통해 분석하게 된다면 감성 자체도 그 대상이 될 수 밖에 없기 때문이다.(물론 그것을 시장에서 어떻게 받아들일 것이냐는 다른 문제다) 연출과 인간관계를 통한 일부 문학상 수상사례도 흘러간 옛노래가 될 것이다. 그래서 새로운 산업사회는 문학생태계의 진화에 있어 큰 전환점이 될 수도 있다. 거대한 파도가 몰려오고 있는 느낌이다.

II. 詩의 歷史性과 詩의 領域

東亞日報의 오랜 칼럼에 〈橫說竪說〉이 있다. 한때 朝鮮日報가 〈이규태 칼럼〉으로 독자들의 시선을 끌었듯이 東亞日報의 간판 칼럼이 〈橫說竪說〉이다. 횡설수설의 사전적 풀이는 '조리가 없는 말을 함부로 지껄임, 또는 그 말' 인데 사실은 그렇지 않다.

'橫' 은 '가로' 이다. 歷史에서는 共時代性이다. 지금 일어나는 일이다. '竪' 는 '세로' 이고 역사적으로는 通時代性을 말한다. 그래서 횡설수설은 허튼소리가 아니라 時間과 空間을 아우르는 이야

기란 뜻이다. 고려 말 牧隱 李穡은 圃隱 鄭夢周를 가리켜 '횡설수설에 능한 사람'이라고 했다. 헛소리 잘하는 사람이 아니라 '동서고금의 모든 일에 통달하고 있는 사람'이라는 칭찬의 말이었다.

4월의 '시문학 바다 시 낭송회'에서 장동범 시인은 '詩三百 思無邪'라는 孔子의 말을 인용했다. 중국 고대의 詩歌 3,000여 편을 모아 그 중에서 305편을 뽑아 편찬한 것이 〈詩經〉이다. 그 詩經의 내용 중에는 특히 鄭風을 비롯하여 '남녀 간의 사랑'이 주된 소재이고, 그 다음이 삶의 哀歡을 노래한 것이다. 오늘날 우리가 詩의 소재나 주제로 택하는 것과 대동소이하다.

다만 樂而不淫 哀而不傷(즐겁다고 하여 음탕하지 말고, 슬프다고 하여 너무 애끓지 않는) 즉 '節制의 美學'이 이 詩經에 깃들어있다. 이렇게 동양의 詩學은 이 詩經에서 비롯되었다. 그러나 儒學이 인간의 도덕적 완성도가 목표이었기 때문에 詩는 그 主潮가 愛國忠節과 같은 敎條的 내용이 중심이었다.

좋은 詩는 예나 지금이나 좋다. 曹操의 아들 曹植과 같은 인물은 〈七步詩〉를 지어 世人의 心琴을 울렸다. 어떻게 그럴 수 있을까 싶은 감정이다.

> 煮斗燃豆萁(자두연두기)콩대를 때서 콩을 삶는데
> 豆在釜中泣(두재부중읍)콩은 솥 안에서 울고 있네
> 本時同根生(본시동근생)본래 한 뿌리에서 태어났건만
> 相煎何太急(상전하태급)어찌 그리 급하게 볶아대느뇨

중국을 재통일한 隋(581~619) 文帝 楊堅이 창안한 科擧制(選擧制)는 淸이 멸망(1911)할 때까지 1,330년 동안 존속했다. 그 과목이 詩賦頌策이었지만 맨 끝의 策이 가장 중요했고, 위의 〈七步

詩〉와 같은 詩는 敬遠했다.

III. 우리 歷史 속의 詩歌

國文學史에서 일찍 등장하는 詩歌로는 〈箜篌引-公無渡河歌〉, 〈龜旨歌〉, 〈黃鳥歌〉 등이 있고, 〈薯童謠〉, 〈井邑詞〉 등이 그 뒤를 잇는다. 우리는 이런 詩歌들을 통해 時代相을 읽고, 그 당시 조상들의 정서와 감흥을 이해한다.

역사란 그 땅에 사는 민족, 그 시대의 정서와 더불어 먹고 살며 느끼고 경험하는 모든 것을 말한다. 정치도 경제도 종교도 모두 역사의 용광로 속에 들어가 정서와 감정을 만들어 낸다. 그래서 단재 신채호 같은 분은 '歷史를 모르는 민족에게는 未來가 없다.' 고 하였다.

〈三國遺事〉는 이 땅에 불교가 전파된 이후 원시종교밖에 모르던 민중에게 고등종교 불교를 통한 安心立命을 가르쳤다. 당연히 많은 奇異가 입에서 입으로 전해지고 읊게 되었다. 불교가 가장 늦게 受容된 신라에서는 鄕歌라는 형식의 노래들이 나왔다. 〈兜率歌〉, 〈祭亡妹歌〉, 〈獻花歌〉 등이 그렇다.

이렇게 시작된 향가는 고려 初까지 계속되어 〈悼二將歌〉를 끝으로 그 형식을 高麗歌謠에 넘겼다. 잠깐, 삼국시대에 중국의 詩歌 형식이 전파되어 乙支文德 장군의 〈答于仲文詩〉와 같은 중국의 五言詩 류의 정형시가 보편화되었다. 이는 漢字가 일반화되었다는 사실과도 관계가 있다.

그러나 漢字만으로 다 표현할 수 없는 우리 고유의 정서가 있었기에 前述한 바와 같이 鄕歌나 고려가요 등이 나타났다고 보겠다. 〈鄭瓜亭曲〉은 우리의 향토 釜山의 地名과도 연관되어 있어

자못 뿌듯하다.

내 님을 그리사와 우니다니
산(山) 접동새 난 이슷ㅎ요이다
아니시며 거츠르신들 아으
잔월효성(殘月曉星)이 아시리이다(하략)

다시 조선 초기의 〈龍飛御天歌〉는 비록 御用文學이기는 하나 그 내용 속에는 민족자주성과 王朝의 자긍심이 구구절절 스며 있다. 한편 고려 말부터 시작된 時調는 〈何如歌〉 〈丹心歌〉 등의 정치적 대결의식 속에 易姓革命과 忠臣不事二君의 思想이 충돌하듯이 등장했다. 또한 詞章을 敬遠視했던 성리학의 물결 속에 '歌辭'나 '時調' 등이 민족문학의 명맥을 유지했다.

중요한 것은 여성의 문학 활동이다. 신사임당(인선), 하난설헌(초희), 이옥봉 등은 한문학(漢詩)의 천재들이었지만 황진이는 漢詩보다 時調를 통해 우리와 더 친숙하다. 그러나 나의 기억에는 최경창의 애첩이었던 홍랑의 戀詩가 먼저 떠오른다. 漢詩보다 우리말 사연이 훨씬 詩답다.

折楊柳寄與千里(절양류기여천리)
묏버들 가지 꺾어 보내노라 천 리 먼 임
人爲試向庭前種(인위시향정전종)
주무시는 창밖에 심어 두고 보소서
須知一夜生新葉(수지일야생신엽)
밤비에 새잎 돋아 나거든
憔悴愁眉是妾身(초췌수미시첩신)
초췌한 얼굴 수심 가득 날인가도 여기소서

(최경창의 첩 홍랑의 시 '翻方曲')

운주사 와불님을 뵙고/돌아오는 길에/그대 가슴의 처마 끝에/풍경을 달고 돌아왔다/먼데서 바람 불어 와/풍경 소리 들리면/보고 싶은 내 마음이/찾아간 줄 알아라

(정호승의 '풍경 달다')

젊어도 한창 젊었던 어느 봄날/우연히 다가왔던 그 사람/밤새도록 내 무릎 끌어안고 울었다

새소리 바람소리/가는귀먹어 세상소리 차츰 멀어져도/눈물 젖은 내 무릎 아직 촉촉하고

이름조차 잊은 그 사람/풍경처럼 내 마음 추녀 끝에 매달려/이제는 밤새도록 나를 울린다

(졸시 '들리는 소리')

이렇게 '사랑'을 주제로 한 詩를 시대와 관계없이 늘어놓은 것은 詩史에서 사랑이 가장 널리, 오래도록 詩의 소재로 선택되었음을 말하기 위해서다.

풀이 눕는다/비를 몰아오는 동풍에 나부껴/풀은 눕고/드디어 울었다/날이 흐려서 더 울다가/다시 누웠다.

(김수영의 詩 '풀'의 제1연)

君子之德 風, 小人之德 草

(군자의 덕은 바람, 소인의 덕은 풀-論語, 顔淵 篇 일부)

위대한 시인 김수영도 이 風-草에서 詩의 모티브를 따온 것 같아 보인다. 吟風弄月이든 花朝月夕이든 아름다운 것은 예나 지금이나 아름답다. 그렇다고 꼭 唯美主義만을 고집하는 것도 문제가 있다.

V. 나가는 말

詩의 歷史性은 그 시대 사람들은 어떤 詩를 썼느냐를 고찰하는 것이다. 제4차 혁명을 云云하고 있는 지금, 일본에서는 80~90代 할머니들의 일상생활에 관한 詩가 밀리언셀러이다. 두보의 '兵車行' 을 읽으면 6.25 전쟁을 겪은 우리를 연상케 한다. 이렇게 詩의 역사성은 회귀 재생 반복되기도 한다.

밥이 되지 않는 詩를 위해 지금도 영혼을 바치는 시인들에게 경의를 표하면서 예나 이제나 詩의 素材나 대상은 크게 변하지 않고 있다. 그러나 방법론에서 변화가 생기는 것은 당연하다. 좋은 詩란 무엇인가? 老子의 '道可道 非常道/名可名 非常名' 과 孔子의 '無可 無不可' 라는 말을 참고할 만하다. 매우 함축적이고 은유적이다. 말하자면 절대적인 것은 없다는 뜻이다.

현대시와 미디어

- 다매체 시대, 시의 원활한 소통을 위해

장 동 범

1. 시의 힘

나두야 간다/나의 이 젊은 나이를/눈물로야 보낼 거냐/나두야 가련다//아늑한 이 항구인들 손쉽게야 버릴 거냐/안개같이 물 어린 눈에도 비치나니/골짜기마다 발에 익은 뫼부리 모양/주름살도 눈에 익은 아아 사랑하든 사람들//버리고 가는 이도 못 잊는 마음/쫓겨가는 마음인들 무어 다를 거냐/돌아다보는 구름에는 바람이 희살짓는다/앞 대일 언덕인들 마련이나 있을 거냐//나두야 간다/나의 이 젊은 나이를/눈물로야 보낼 거냐/나두야 가련다//

(박용철의 시 '떠나가는 배', 1980. 11. 30, 부산 TBC석간 고별시)

*부기: 1930년 3월, 박용철(1904~1938)이 창간한 《시문학》에 게재, 후에 바리톤 김용규가 노래해 대중의 사랑을 받았음-〉 "당시 TBC 고별 석간을 제작할 수밖에 없었던 보도부 기자들의 가장 큰 고민은 석간의 대미를 어떻게 장식하는가였다.(중략) 그래서 뉴스의 마지막은 우리의 처지와 통폐합의 폭거를 적나라하게 감성에 호소하는 시로 전달하자는 것이었다."

(졸저 『촌기자의 곧은 소리』 -'아! TBC 부산국 문 닫던 날' 중에서)

2. 현대시와 대중소통

현대사회에서 주요하게 다루는 대중소통(mass communication)의 기본 도식은 아래와 같다.

(S: sender, R: receiver, C: channel, M: message)

송신자(S)-채널(C)-메시지(M)-수신자(R)

위 도식에서 가장 중요한 점은 송신에서 수신에 이르는 소통 과정이 일방향이어서 군대의 명령처럼 '상부하달'이면 원만한 소통이 이뤄진다 할 수 없다. 따라서 원활한 소통이 이뤄지려면 송신자가 특정 채널을 통해 전달한 내용이 수신자에게 잘 받아들여져 수신자가 다시 송신자가 되어 역방향으로 소통이 이뤄지는 환류(feed back)가 가능해야 한다. 가령 두 사람이 마주 앉아 대화할 때 한 사람의 일방적 송신은 독백(monologue)에 해당되고, 원만한 소통이 이뤄지려면 쌍방이 송, 수신과 환류가 이뤄져야 대화(dialogue)한다고 하겠다.

이 도식을 시집을 낸 시인이 독자와 소통하는 과정에 대입하면 다음과 같다.

시인(S)-시집(C)-시(M)-독자(R)

한 가난한 시인이 어렵게 낸 시집을 독자들에게 잘 전달해 원활한 이해와 소통, 그리고 피드백까지 이뤄지려면, 시집 내용도 내용이지만 시집을 제대로 알릴 수 있는 채널 즉 매체의 기능이 중요하다.

언론학에서는 송신자가 전하려는 정보나 메시지를 많은 수신자들에게 효과적으로 전달하는 역할을 대중 매체(mass media)라고 일컫는다. 언론을 흔히 매스컴이라 하는데 이는 대중 소통과 대중 매체의 혼돈에서 일어난 것이다.

과거 권위주의 사회에서 대중 매체들은 일방적 정보 전달로 독자나 시청자들 위에 군림했으나 다양한 미디어와 채널이 등장한 오늘날 다매체 시대에는 과거처럼 일방향 소통으로는 더 이상 대중들의 관심을 끌지 못하게 되었다.
따라서 문학의 본령인 시詩도 더 이상 과거 방식의 소통구조나 매개 방식으로는 일반 대중들의 관심과 사랑을 받지 못하고 문단 권력이나 특정 유명 문인들의 사유물로 전락할 수밖에 없다.

3. 현대시와 미디어

*미디어는 메시지다/미디어는 맛사지다.

"바퀴는 발의 확장이며, 책은 눈의 확장이고, 옷은 피부의 확장이며, 전자 회로는 중추 신경계의 확장이다"

(마샬 맥루언)

1) 개인시집

대부분의 시인들이 자신의 시를 알리는 미디어(매체)로 주로 개인 시집을 택한다. 유명 시인들의 경우 이름 있는 출판사에서 기획출판을 통해 시중 유명 서점에 눈에 띄게 진열하나 그렇지 못한 시인들은 한정 출판에 지원금을 받을 경우 의무 납본을 하고 남는 시집들을 동인들과 단체 소속 문인들에게 보내고, 지인들에게 나눠준다. 자비 출판하는 시인들은 출판비는 커녕 남는 게 자기 시집뿐이면서도 또 몇 년 생활비를 아껴 '자기 위안'의 시집을 낸다.

마흔 네 번째 시집에 실린 그의 시는 126편이고,/마흔 세 번째 시집에 실린 시는/106편이었습니다//한 달 사이 시차를 두고/232편이나 되는 많은 시를 쓰고/시집을 낸다는 것이 가능하기나 합니까?/세끼 밥 먹듯 시를 쓰도 허기진 시인을/결코 폄하할 뜻은 없습니다//다만 인간의 창작력은/얼마나 깊고 넓은 샘물인가를 생각하다/기가 질려/읽고 있던 그의 시들을 접었습니다//

(졸시 '마흔 네 번째 시집을 낸 시인' 중)

2) 시 관련 매체

*잡지: 문학단체, 창비, 문지 등 문예지(편집자)
　　– 월간 《시문학》, 《문학동네》, 《문학도시》, 《부산시단》...

->"등단이 문단을 유지하고 돌아가게 만드는 핵심 시스템이며, 등단을 원하는 사람들에게 문예지와 책들을 팔고, 등단한 사람들은 그것을 이용해 습작생들을 지도하며 돈을 벌고, 문예지는 자기가 등단시킨 작가를 관리해 키운다."

(문단 비판 팟캐스트 '문학은 개뿔'의 진행자 인터뷰, 경향신문, 2018. 7. 31)

*신문: 신춘문예, 문화란, 고정 시 소개(기자 또는 시인)
　　– 중앙일보 '시가 있는 아침', '국제시단'...

*TV/라디오: 뉴스, 문화 프로그램(기자 또는 PD, 작가)

*PC, 모바일: 인터넷(개인 홈피, 팟캐스트)
　– 창비 엡 '시요일'...

4. 현대시와 소비구조의 문제

산업사회에서 정보사회로 넘어오면서도 여전히 풀리지 않는 우리 사회의 문제가 바로 '양극화'이다. 부의 편중에 따라 재벌을 비롯한 소수가 여전히 지나치게 많은 부를 갖고 있고, 상대적인 박탈감에 따른 불만이 만연해 있다.

이에 못지 않게 사람들이 간과하고 있는 것이 '정보 격차'에 따른 문화소비의 양극화 문제다. 문화 소비는 삶의 질과 연관돼 있으며 최근에야 정부가 복지 측면에서 접근해 문화 바우처를 홀로 사는 노인들에게 나눠주고 있기도 하다. 그러나 정보 격차에 따른 문화 소외는 서울과 지방, 부자와 빈자, 세대 간에도 심각하다.

특히 한국 사회의 서울 문화 편중현상은 심각해 지방자치가 시행된 지 꽤 지났음에도 모든 문화 소비의 70% 이상이 수도 서울에 집중돼 문화의 다양성마저 훼손되고 있다. 문학 역시 마찬가지로 중앙문단을 거치지 않으면 지방 문인들은 자신의 시 한편 제대로 알릴 방법이 없다. 독점구조에 문단 권력이 자연 형성되고 등단을 위해 아류가 나올 수밖에 없으며 최근 문단 내 '미투운동' 처럼 모순과 갖가지 비리가 생기는 이유이다.

사례 1) 글 눈 뜬 할매 시인들

> 논에 들에/할 일도 많은데/공부시간이라고/일도 놓고/
> 헛둥지둥 왔는데/시를 쓰라 하네/시가 뭐고/나는 시금치씨/ 배추
> 씨는 아는데 (소화자 할머니 '시가 뭐고' 전문)

가난한 집에서 태어나 못 배우고 농촌에 시집가 아들, 딸 키워놓고 늙어서도 농사를 계속 지어야 하는 경북 칠곡군 할매 89명이 드디어 한글 눈이 떠 함께 『시가 뭐고』(강금연 외 88명, 삶창, 2016)라는 시집을 냈다. 맞춤법이 맞지 않고 자신들이 하는 투박한 사투리 그대로 정겨운 시어가 된 이 시편들이야 말로 삶에서 우러나온 진솔한 기쁨의 표현 아닌가?

> 80 너머가 공부할라카이/보고 도라서이 이자부고/눈 뜨만 이자
> 분다/아들 둘 딸 둘 다 키았는데/그 세월 쪼매 잘 아랐우면/조았
> 을 거로/우리 며느리가 공부한다고/자꼬 하라칸다 시어마이 똑똑
> 하라꼬/자꼬 하라칸다
>
> (곽두조 할머니 '공부' 전문)

사례 2) 청소년들, 시각장애인 유승열씨 작품 모아
『시로 눈을 뜨다』 펴내

나는 하늘을 훨훨 날고 싶습니다/그러나/날개가 있어도/날개를 펴야 하는데/나는 그 날개를 펼 수가 없습니다/그것은 바로/나는 /작은 눈먼 새이기 때문입니다.

(유승열 시 '나는 작은 눈먼 새입니다' 부분)

시각장애인 유승열씨(45)는 가족과 떨어져 맹학교에서 지내게 된 8세 무렵부터 마음의 어둠을 내몰기 위해 시를 쓰기 시작했다. 이후 40여 년간 홀로 지내며 시를 지었다. 그런 유씨에게 지난 2016년부터 군산의 원룸을 찾아 자원봉사를 해주던 청소년들이 서랍에서 점자로 적힌 낡은 노트를 우연히 발견했다. 군산동고 박찬주 군(18)은 "아저씨가 읽어주는 시를 받아 적으면서 세상과 소통하고 싶은 마음을 알게 됐다"며 친구들과 의논해 지난해 12월 첫 시집을 출판하게 됐다. 이들 청소년은 시 대필 작업부터 목차를 짜고 제목과 표지 디자인까지 정한 뒤 출간 비용 150만원은 학교와 동네에서 폐품을 모아 판 돈과 학교 축제 때 솜사탕 장사를 해서 번 돈으로 충당했다.

(서랍에서 세상으로 '눈먼 새' 시로 날다, 경향신문, 2018. 2. 12)

사례 3) 코미디언 유병재 시집 『블랙코미디』 5만부 돌파–〉거대 서점 '인터넷 교보문고' 힘

"SNL로 알게 된 유병재 작가 코미디언, 방송인, 유투버 등으로 봐오다가 넷플 릭스에서 그가 하는 원맨 스탠딩 개그쇼를 봤다. 그리고 같은 책이 있음을 알았다. 읽고 나서 든 생각은 1. 사람은 무조건 유명해지고 볼 일이다. 2. 유병재의 현재 화두, 아이디어를 볼 수 있었다. 그렇게 잘 쓰고 인상적인 책은 아니다. 가볍게 읽기 좋다."

(인터넷 서평 중)

5. 시, 디지털 시대의 유용한 문학 형식

사례 1) 성찬경의 실험시

5년 전 작고한 성찬경(1930~2013) 시인은 평소 단어 수를 최소화한 '밀핵시', 한글자가 한 행인 '일자시' 등 우리 현대시의 영역을 넓히기 위한 각종 실험시를 많이 남겼다.

> "나는 시에서의 실험은 시의 호흡과 같은 것이라 생각한다. 시시각각 새로운 시간인 미래가 밀려옴으로써 우리 생존의 환경과 조건이 조금씩 조금씩 바뀌고 있다. 새 상황에 대응하는 새 정서를 담기 위해서는 표현상의 '새 틀'이 필요하다. 이 '새 틀'을 찾으려는 노력이 실험과 결부되는 것이다." (성찬경 시집 『논 위를 달리는 두 대의 그림자 버스』 저자 해설 부분, 문학세계사)

그는 시에서 '의미의 밀도'를 높이기 위해 최대한 말을 절제해야 하며 군더더기 말을 뺀 '의미의 다이아몬드' 같은 시가 바로 밀핵시이며 달리 '요소시'라고 부른다.

> 사랑/슬기/사람/이슬/염통/기름/가슴/나무/달래/소금/바람/마을/나라/가을… (2자 1행 22행 시 '사랑' 부분)

> 해/달/별/땅/빛/김/참/물/불/흙/넋/피/숨/몸/맘/말/잠/얼/꿈/범/솔/멋/쌀… (1자 1행 119행 시 '해' 부분)

그는 '사랑', '해' 등 깊은 뜻과 뜻의 향기를 지닌 보옥 같은 우리말 자체를 시어로 하되 팔레트에 짜놓은 물감처럼 걸어놓기만 해도 생기를 발한다고 주장한다. 더 나아가 본문을 비워두고 제목 한 글자 뿐인 일자시 '흙'의 경우 백지(여백)를 미술적 개념으로 봐 문학과 미술의 융합(fusion) 장르로 분류한 '순수 절대시'로 부르기도 한다.

사례 2) 최동호의 극서정시

최동호 시인(66)이 '극서정시' 운동을 표방한 시집 '수원 남문 언덕'(서정시학)을 펴냈다. 극서정시는 '극도로 축약된 단형시'를 뜻한다. 고려대 국문과 명예교수이자 비평가로도 활동하는 최 시인이 2011년부터 시단에 제안한 신조어다. 그의 극서정시는 4행을 기본으로 삼는다.

> 창 밖에 걸어놓은/등불 하나/고독한 섬이/바람의 둥지를 흔든다
>
> – '등대' 전문

최 시인은 "요즘 우리 시가 길고 장황하고 난삽해진 현상을 반성하기 위해 극서정시의 개념을 제시했다"며 "시는 컴퓨터 칩처럼 고도로 집약된 정보를 담으면서 시 본연의 노래로 돌아가야 한다"고 역설했다. 그의 극서정시론을 지지하는 60대 이상 중진 시인들이 짧은 시로 시집을 묶는 게 요즘 문단의 새 흐름이기도 하다. 최 시인은 아마추어 시인들이 SNS에 올리는 짧은 시 유행과는 거리를 둔다. "SNS 시는 너무 얇고 가볍다. 극서정시는 시인들이 전통 시학을 유지하면서 휴대폰 화면에 들어갈 수 있는 120자 이내의 시를 쓰자는 것이다." 최 시인은 "짧지만 극적 전환이 있어야 한다"며 자작시 '화령전'을 암송했다. 정조 초상을 모신 수원의 화령전을 소재로 한 4행시다.

> 첫사랑의 입맞춤 남몰래/화령전 붉은 기둥에 새겨 놓고/나비 날아간 그 꽃밭 사잇길/
> 누가 볼세라 잠 못 든 어린 날

최 시인은 "우리 시조와 일본 하이쿠가 아닌 제3의 길을 찾으려

다 보니 향가의 정신으로 돌아가게 됐다"고 했다. 현대시에 이미 선례가 있다. '내려갈 때 보았네/올라갈 때 못 본/ 그 꽃'(고은의 '그 꽃')이나 '사람들 사이에 섬이 있다/그 섬에 가고 싶다'(정현종의 '섬')를 꼽는다. 최 시인은 "우리 시인들이 가수 김광석 같은 음유 시인이 돼야 시가 살아남는다. 앞으로 SNS에도 시를 올리겠다"고 밝혔다.(조선닷컴 기사)

사례 3) SNS 시인 하상욱의 『서울 시』: 짧고 기발하지만 읽고 나면 왠지 허전한 말장난 시들

"서울 시도 시냐?"고 무시하지 마세요./마음만은 '특별 시' 예요.

(『서울 시』 중에서, 2013년 11월 현재 15쇄 발행 중)

전 요즘 시 팔아 먹고 살아요./시팔이죠.

(『서울 시 · 2』 중에서, 2013년 11월 현재 9쇄 발행 중)

〈참고자료〉

*『커뮤니케이션 이론』(세버린 · 탠카드 공저, 2004, 나남출판)
*『미디어의 이해』(마셜 맥루언, 2002, 민음사)
*『촌기자의 곧은 소리』(장동범, 2010, 산지니)
*『논 위를 달리는 두 대의 그림자 버스』(성찬경, 2005, 문학세계사)
*『시가 뭐고?』(강금연 외 88명, 2016, 삶창)
*『서울 시 1 · 2』(하상욱, 2013, 중앙북스)
*경향신문 등 신문기사와 인터넷 기사

부산 **詩文學** 시인회

연혁

부산 시문학 시인회 연혁

1992. 4. 재부 월간 《시문학》 등단 시인들이 모여 부정기로 시낭송회 개최하면서 회원 단체 만들 것 논의함 (도레미센터)

1993. 1. 29 범일동 석화그릴에서 모임 가짐. 단체 명칭 '부산시문학시인회' 로 하고 강남주 회원 초대 회장으로 추대 (총무 윤정숙)

1993. 3. 26 시낭송 행사에 대한 구체적 논의. 행사 제목 '시가 있는 저녁' 으로 하고 행사일은 매월 둘째 주 금요일로, 장소는 영광도서 사랑방으로 정함

1993. 5. 14 제1회 '시가 있는 저녁－젊은 세대를 위한 시의 가교' 이후 1996년까지 총 30회 개최

1994. 11. 30 제 1 사화집 『자유를 위한 交感』 발간

1995. 12. 21 제 2 사화집 『始生代 바람으로』 발간

1996. 4. 15 부산시문학시인회 한·영·일 대역시집 『세계로 띄우는 우리의 시』 발간 (해원출판사)

1996. 5. 24 일본 '호수아비' 동인회와 한·일 시인 교류 협정식 가짐 (해운대 파라다이스비치 호텔)

1996. 12. 10 제 3 사화집 『천년을 썩지 않는 슬픔』 발간

1997. 8. 23 ~24 일본 미야자키에서 한·일 친선 교류 세미나를 '호수아비' 동인회와 공동 개최 (강남주, 이병구, 백영희, 탁영완, 윤정숙 회원 참가)

1997. 12. 25 제 4 사화집 『꽃잎으로 수선되다』 발간

1998. 10. 10 제 5 사화집 『견디기, 길들이기, 허물기』 발간

1999. 12. 21 제 6 사화집 『내 안에서 찬란하다』 발간

2000. 11. 30 제 7 사화집 『푸른 내 물소리를 듣고 싶다』 발간

2001. 12. 29 제 8 사화집 『내 사랑, 아웃사이드』 발간

2002. 8. 2~4 일본 대마도 문학기행 (2박 3일)

2002. 12. 13 제 9 사화집 『때로는 사무친다』 발간

2003. 6. 24 제1회 '시와 사진전' (전 회원 시와 이몽희 회원 사진, 삼성생명 B/D 비추미 전시장)

2003. 11. 28 제 10 사화집 『내게로 무너져오는』 발간

2004. 12. 15 제 11 사화집 『내 목소리 낮아지고』 발간

2005. 9. 제2회 '시와 사진전'(전 회원 시와 이몽희 회원 사진, 부산 · 울산 · 마산 순회 시사전)

2005. 11. 30 제 12 사화집 『나도 하나의 부호이고 싶다』 발간

2006. 11. 10 제 13 사화집 『네 갈망의 곡괭이를 그쯤에서 던지고』 발간

2007. 11. 25 제 14 사화집 『저 무위의 과녁을 향해』 발간

2008. 9. 17 다음 카페 개설 (부산시문학시인회)

2008. 11. 19 제 15 사화집 『새의 눈으로 보다』 발간

2009. 12. 20 제 16 사화집 『세상의 저녁』 발간

2010. 11. 29 제 17 사화집 『박제된 시간을 풀고』 발간

2011. 1. 25 신년회 및 임원진 구성 (회장 백영희, 총무 송인필)

4. 25 시와 함께 하는 걷기 행사 - 암남공원 둘레길 걷기

5. 28 한국시문학회 제 35회 봄 문학기행 - 문학특강 및 시낭송회

2011. 11. 28 제 18 사화집 『들불처럼 번지는』 발간

2011. 12. 27 송년회 겸 사화집 『들불처럼 번지는』, 조영희 회원 『밀물과 썰물 사이』, 백영희 회원 『바람의 씨앗』 출판기념회

2012. 1. 19 신년회 및 임원진 구성 (회장 조영희, 총무 고훈실)

3. 31 장동범 회원 시집 『바람소리 혹은 낚詩』 출판기념회 및 전시회 (이주홍 문학관)

4. 14 시문학 봄 문학기행 (삼랑진 수촌재)

11. 21 부산시문학시인회 발족 20주년 기념 한·중·일 대역시집 『부산의 詩 아시아로 날다』 발간 (제 19 사화집 겸함)

2012. 12. 26 『부산의 詩 아시아로 날다』 출판기념회 (국제신문 24층 크리스탈)

2013. 1. 28 신년회 및 임원진 구성 (회장 배기환, 총무 최지인)

2. 18 정기월례회 및 시집 공동 출판기념회 (강정화, 배기환, 장동범 회원)

3. 29 백영희 회원 2012 한국동서문학 작품상 수상, 올해의 최고 시로 선정

2013. 7. 31 제 20 사화집 『서서 잠든 자의 영원』 발간

2013. 10. 16 제 20 사화집 출판기념회 (영광도서)

12. 30 송년회 (원조 뚝배기)

2014. 1. 8	신년회 및 임원진 구성 (회장 김인권, 총무 이효애) 1) 슬로건 : 2014년 '시 섬김의 해' 로 지정 2) 매월 마지막 금요일 독서 토론회 지정 (분과 위원 : 이몽희, 고훈실)
3. 8	가덕도 생태마을 (진우도) 탐방
4. 5	범어사 야외 월례회 개최
7	한경동 회원 시집 『누운 섬』 발간
7. 28~29	1박 2일 여름 문학기행 (하동 방아섬)
11. 5	제 21 사화집 『바람의 비늘도 유적이 된다』 발간
11. 28	제 21 사화집, 한경동 회원 시집 『누운 섬』, 최지인 회원 시집 『오래된 약속』 출판기념회 (영광도서 사랑방)
2014. 11.	배기환 회원 해양문학상 시 부문 최고상 수상
2015.	집행부 회장 장동범, 총무 이효애
4.	문학기행 (남해, 문학의 향기 돌아보기)
10.	탁영완 회원 시집 『시월국화는 시월에 핀다더라』 발간 및 출판기념
11.	제 22 사화집 『내가 사랑한 시간의 문턱』 출판
12.	송년 및 총회 (쥬디스태화 자연별곡) 뷔페
2016.	집행부 회장 장동범 연임, 총무 김예진
1.	배기환 회원 을숙도문학상 본상 수상
4.	문학기행 (통영, 문학의 발자취 따라가기)
5.	김예진 회원 시집 『게스트하우스』 출판
6.	백영희 회원 시집 『지장경 싹이 트다』 출판
8.	이효애 회원 시집 『그 틈, 읽기』 출판
9.	배기환 회원 제 6 시집 『젊음의 징비록』 출판
9.	백영희 회원 부산문학상 대상 수상
10.	탁영완 회원 부산 펜 문학상 본상 수상
10.	제 23 사화집 『하얀 맨살로 바다를 건너와』 출판
11.	조영희 회원 『가덕도, 대구 잡으러 간다』 출판
12.	제 23 사화집, 김예진, 백영희, 이효애, 조영희 네 시인의 시집 출판기념회 개최(다이아몬드 호텔 연회장)

2017. 2 집행부 회장 이혜화, 총무 김예진
4. 문학기행 (진해 일대)
6. 한국 시문학 문인회 문학기행 (거제, 통영 일대)
7. 한경동 회원 시집 『목간을 읽다』 출판
8. 배기환 회원 해양문학상 대상 수상
9. 김검수 회원 부산사상문화상 수상
9. 고훈실 회원 시집 『3과4』 출판
9. 조영희 회원 부산 펜 문학상 본상 수상
10. 조영희 회원 현대시인상 수상, 시집 『낙동강은 얼지 않는다』 출판
10. 강남주 회원 장편소설 『유마도柳馬圖』 출판
11. 장동범 회원 시집 『심심』 출판
11. 제 24 사화집 『차갑고 깊은 발돋움으로』 출판
12. 출판기념회 및 송년회 (이비스엠버서더 호텔)
2018. 2. 집행부 회장 김지숙, 총무 최지인
2. 윤유점 회원 입회
3. 정성환 회원 시집 『당신이라는 이름의 꽃말』 출판
4. 문학기행 (일광 일대)
6. 수국 축제 (태종대 일대)
7. 강정화 회원 시집 『우물에 관한 명상』 출판
8. 하계문학특집 - 자필 캘리 특강
10. 가을문학기행
10. 조영희 회원 낙동강 문학상 본상 수상, 시집 『순회하는 강』 출판
10. 강남주 회원 시집 『흔적 남기기』 출판
12. 제 25 사화집 『웃음에는 무게가 없어』 출판기념회 및
송년회 (송도 조영희 회원 세컨드 하우스)

부산시문학시인회 주소록

강남주	48075 해운대구 대천로 103번길 61 LG아파트 110동 802호	010-8551-6000 051-702-1447
강정화	12907 경기도 하남시 풍산로 270 미사강변도시 베라체2단지 204동 1405호	010-3594-2084 051-555-7878
이몽희	48065 해운대구 해운대로 483번길 10 7동 1202호 (우동 롯데아파트)	010-3550-5485 051-741-5484
탁영완	47196 부산진구 동평로 218 일동미라주 아파트 103동 1401호	010-4585-2158 051-802-2158
조영희	46770 강서구 가덕해안로 821번길 100 천성보건진료소	010-4547-3196 051-243-5187
조민자	50925 경남 김해시 부원동 607-3	010-2353-4489 055-333-0213
백영희	46274 금정구 중앙대로 1763번길 36-11 금정빌리지 702호	010-6581-8875 051-515-0349
한경동	46213 금정구 금정도서관로 13번지 화신아파트 403호	010-9653-6521 051-508-6521
송인필	52430 경남 남해군 이동면 초양로 141	010-8524-9310 055-321-3300
배기환	48577 남구 이기대 공원로 26번길 21-4 3동 205호 (용호동 화신골든맨션)	010-3870-0536 051-623-0530
장동범	48306 수영구 남천동로 41, 104-1 101호 (코오롱하늘채)	010-3728-3774
김지숙	46527 북구 화명동 북부산우체국 사서함 14호	010-3563-7819 051-363-9709
이혜화	46971 사상구 새벽로 215번길 84 대부정공(주)	010-8554-7579 051-322-7579
최지인	47168 부산진구 개금 본동로 42 개금 반도보라아파트 103동 205호	010-8904-8240 051-892-8240
고훈실	47837 동래구 아시아드대로 234 반도보라아파트 103동 2003호	010-5488-7152
이효애	46201 금정구 청룡예전로 100-12 경동 메르빌 2차 203동 103호	010-9909-5052 051-508-5057
김예진	47174 부산진구 개금3동 신개금 엘지아파트 213동 902호	010-4542-0565 051-891-2180
김검수	46976 사상구 괘감로 53	010-8564-4508 051-632-5888
정성환	48075 해운대구 대천로 103번길 61, LG아파트 104동 2302호	010-8858-7962 051-702-7952
윤유점	47281 부산진구 신천대로 140(부전동 607)	010-5441-6736

2018 부산 **詩文學** 사화집 25

웃음에는 무게가 없어

인쇄일 | 2018년 10월 30일
발행일 | 2018년 11월 12일
발행인 | 김지숙 외
발행처 | 부산시문학시인회

펴낸곳 | 도서출판 푸름사 (등록번호 제329-2009-000010호)
부산광역시 부산진구 부전로 35, 301호(부전동, 삼성빌딩)
Tel : (051) 805-8002 Fax : (051) 805-8045
전자우편 : doosoncomm@daum.net

부산시문학시인회 카페 http://cafe.daum.net/poetryfamily

값 8,000원

ISBN 978-89-94839-22-6 03810

「이 도서의 국립중앙도서관 출판시도서목록(CIP)은 서지정보유통지원시스템 홈페이지(http://seoji.nl.go.kr)와 국가자료공동목록시스템(http://www.nl.go.kr/kolisnet)에서 이용하실 수 있습니다.(CIP제어번호: CIP2018034111)」